한국의 환상동화2
Contes macabres et autres merveilles de Corée

한국의 환상동화2

Contes macabres et autres merveilles de Corée

로돌프 매댕제
Rodolphe Meidinger

김재홍
Kim Jae-hong

CBNU BOOKS

한국의 환상동화 2

저자. 로돌프 매댕제, 김재홍
발행처. 충북대학교 출판부
발행인. 김익균
책임 번역. 강노을
프랑스어 자문. 미카엘 뷔쩨
디자인 자문. 유진민
편집디자인. 허성희, 심민지
표지디자인. 심민지, 김규리
주소. (361-763)충북 청주시 흥덕구 내수로동52(개신동)
전화. 043)261-2952.3014
팩스. 043)274-1256
이메일. presscbu@chungbuk.ac.kr
등록. 제1983-2001-7호
초판1쇄. 2014년 6월 9일
인쇄처. 을지출판인쇄

값 35,000원

충북대학교 출판부 2014, printed in KOREA
ISBN 978-89-7295-216-9 04810

서문
Préface

'한국의 환상동화2'는 충북대학교 불어불문과와 디자인학과의 협업으로 만들어진 결과물이다. 지난 몇 년간 불문과에서 발굴하여 다듬은 열네 편의 글에 디자인학과의 상상을 더해 그림을 입힌 책이다. 책의 출판 디자인은 4학년 전공필수과목인 '디자인과제와 풀이'의 과제로 삼았다.

나는 처음 좋은 글을 받아 들고 불안했다. 그 중에는 우리나라 유명고전이 여러 편이 있었고, 고전이 아니어도 잘 다듬어져 있는 글이었기 때문이었다. 구미호가 "봉수를 사랑"하는 마음씨가 읽혀졌고, "햇빛이 바닥까지", "사로잡혀 있던 그의 눈길을 끄는" 등등. 여러 차례 세미나와 토론 끝에 우리들은 방법을 찾아냈다. 주인공은 성형미인이 아닌 우리의 맨얼굴이고, 배경은 화려한 디즈니만화나 꼬여있는 헐리웃영화가 아닌 우리의 화폭에 있다는 것.' 이점이 글을 이미지로 옮기는 기준이 되었다. 먹과 한지, 초상화기법, 민화, 민속, 전통가옥, 전통복식, 여백의 美, 한국의 서정적 공간 그리고 시서화일체(詩書畵一體)였다.

이제 책으로 내놓으며, 독자들의 평가를 기대한다. 책 속에 글과 그림이 잘 어울리는지, '한국인'의 정서에 잘 맞는지. 질책과 칭찬을 해주시기를 바란다. 2012년 '한국의 환상동화'에 이어 다시 이번 책을 출간할 수 있도록 관심과 배려를 해주신 출판부장 정태일 교수님께 감사드린다.

디자인학과 김재홍

En ce temps là, parait-il, les tigres fumaient encore leur pipe … Et par cette formule magique, l'auditeur ou le lecteur d'un conte coréen se trouve soudainement plongé dans le merveilleux, à l'époque incertaine où les dragons peuplaient encore la terre…

Fort du succès de notre première expérience, nous avons appliqué pour ce second volume les mêmes règles que pour le premier : J'ai lancé les étudiants du département de langue et littérature françaises de l'Université Nationale de Chungbuk sur la piste des contes fantastiques de leur pays, la Corée. Ainsi, nos ateliers d'écriture, sous la plume des étudiants ont ouvert les portes de l'étrange. J'y ai découvert le monde noir de ces récits macabres teintés de merveilleux. Et maintenant, cet univers est dans vos mains, dans les pages de ce livre. Vous y retrouverez le mystérieux bestiaire de l'Extrême Orient. En particulier ces femmes renardes à la beauté singulière qui séduisaient les jeunes hommes pour leur dévorer le foie. Mais aussi, des êtres infernaux, des spectres et autres succubes qui sortent de leur antre aux heures les plus sombres de la nuit. Heureusement, ces histoires ne sont pas toutes lugubres car bien souvent la fortune sourit à ceux qui ont le cœur pur.

Comme pour notre précédent tome, j'ai repris les travaux de rédactions des étudiants pour leur donner une tournure plus littéraire. Puis, je donnai à mon collègue et ami Ko Bong Mann le relai pour orchestrer la suite des évènements. Il confia à Kang Noh-eul, une de nos anciennes étudiantes, le soin de retraduire en coréen notre version française. Puis il s'adressa à Kim Jae-Hong, professeur au département de design, dont les étudiants avaient illustré notre premier opus. Ainsi, les étudiants d'art ont, à coups de pinceaux, de crayons, de ciseaux et de collages, éclairé d'un jour nouveau les ombres tapies de ces histoires.

Pour une seconde fois, grâce à la collaboration de nos départements, nous avons créé un livre extraordinaire, un objet d'art, un objet unique que nous proposons à un large public de lecteurs pour valoriser l'excellence du travail de nos étudiants.

Rodolphe Meidinger
Cheongju, mai 2014

차례
Table des matières

Aïgo (아이고) est dans la langue coréenne, une interjection de surprise ou de dépit.

Li (리) : unité de distance qui correspond à peu près à 400 mètres.

Naju (나주) est l'ancienne capitale de la province du Jolla. En 1985, elle a été le théâtre d'un évènement bien étrange, une statue de la vierge s'est mise à pleurer spontanément, puis un an plus tard, ses larmes se sont transformées en larmes de sang. Depuis, elle donne une huile parfumée à senteur de roses.

글
한국어 번역
김윤영 Kim Yun-young
프랑스어 번역
황지은 Hwang Ji-eun
유가영 Yoo Ga-young

그림
허성희 Heo Seong-hee

여우의 장난
La farce de la renarde

아주 오래전, 호랑이가 담배 피우던 시절,
나주(한국 남서쪽 끝의 도시) 근처에,
정여린이라는 용감한 남자가 살고 있었다.
그는 어렸을 때부터 담대하여 무서운 것이 없었으며,
그 어떤 것도 그를 두렵게 하지 못했다.
그가 마침 16세가 되었을 때,
마을 근처에 있는 금성산을 넘어야겠다는 생각을 하게 되었다.
이러한 뜻을 내비치니, 그의 친구들 모두가 입을 모아 말했다.
"뭐라고? 금성산에 가겠다고? 자네 실성한 건가?
그곳은 귀신에 씌었단 말일세!"
"그게 뭐 어떻다고 호들갑인가?
내가 귀신 따위에게 질 것 같은가? 내가 누군지 잊은 게로군."
걱정스러운 친구들은 그에게 결심을 거두라 간청하였다.
"자네 생각만큼 쉬운 일이 아니라고.
산속을 떠돌던 귀신이 갑자기 자네 앞에 나타날 걸세.
이 귀신이 어찌나 요망한지,
벌건 대낮에도 자네를 홀릴 수 있을 정도네.
귀신을 본 나그네들은 혼비백산하여 길을 잃고 해매이다,
바위에 긁혀 이리저리 생채기가 나는 것은 물론 땅이 갈라진 깊은
틈 사이로 미끄러져 결국 낙상하고 만다네."
그러나 정여린은 다음과 같이 말했다.

En ce temps là, les tigres fumaient encore la pipe.
Dans les environs de la petite ville de Naju*,
à la pointe de la péninsule sud-ouest de la Corée,
vivait un garçon du nom de Jeong Yeo-lin, réputé pour son courage.
Dès le berceau, il avait montré ce trait particulier de sa personnalité :
impavide, il n'avait peur de rien et rien ne lui faisait peur. Quand il eut seize ans,
l'idée lui vint de traverser la montagne Geumseong non loin de la petite ville où il habitait.
A peine avait-il annoncé son dessein que tous ses amis s'exclamèrent :
"Quoi ? Tu veux te rendre à la montagne Geumseong !
Mais tu es fou ! Ne sais-tu donc pas qu'elle est hantée"
"Qu'est-ce que cela peut faire ? répondit-il,
vous pensez vraiment que les esprits pourraient m'attraper ?
Ne voyez-vous pas à quel point je suis fort ?"
Inquiets, ses amis insistèrent pour qu'il renonce à son projet :
"C'est moins facile que tu ne le penses.
On raconte qu'un spectre y rôde et apparaît brusquement sur ton chemin.
Il est si puissant que, même en plein jour, il est capable de t'ensorceler !
Les voyageurs en sont tellement stupéfaits qu'ils se perdent dans les bois, s'écorchent dans les rochers,
glissent dans des crevasses et finisent par se rompre le cou."
Mais Jeong Yeo-lin argua :

정말 시시한 이야기이군.
여보게, 자네들은 내가 어떤 사람인지 잘 알지 않는가?
내게 나쁜 일은 절대 생기지 않아!
만약 나와 동행할 만큼 용기 있는 사람이 있다면 언제든 환영일세."
그러나 금성산에 대한 소문은 너무나 흉흉하였으므로
아무도 그를 따라갈 엄두를 내지 못했다.
그리하여 정여린은 소신대로 작은 보따리를 준비해 모험을 떠났다.
금성산은 하늘이 보이지 않을 정도로 나무가 빼곡히 들어차 있었다.
정여린은 홀로 새로운 세상으로 들어갔다.
그의 발에 채여 구르는 자갈 소리만이 그곳의 정적을 깰 뿐이었다.
이 산에는 사람이 없는 것은 물론이거니와
나뭇가지 사이를 뛰노는 다람쥐 한 마리도,
나무의 화관에서 지저귀는 새들조차도 보이지 않았다.
정말 음산하기 그지없는 곳이었다.
따분한 마음에 그는
이 지루한 곳에 귀신이 산다니,
믿을 수가 없군' 하고 생각할 정도였다.

'Ce ne sont que des racontars !
Voyons mes amis, vous me connaissez,
rien de mauvais ne peut m'arriver !
D'ailleurs, si quelqu'un a assez de cran pour m'accompagner,
il sera le bienvenu."
Mais la montagne Geumseong avait bien trop mauvaise
réputation pour que quiconque osât le suivre.
Alors, n'écoutant que son entêtement,
il prépara un petit baluchon et partit à l'aventure.
Les bois de la montagne Geumseong étaient si denses qu'on ne pouvait voir le ciel.
Jeong Yeo-lin était entré dans un nouveau monde où seuls ses pas,
faisant rouler les pierres du sentier, rompaient le silence. L'endroit était désert,
aucun écureuil ne jouait dans les branches,
aucun chant d'oiseaux ne venait égayer la couronne des arbres.
Bref : l'atmosphère était sinistre !
C'était si ennuyant, que le jeune homme pensa :
"Ça m'étonnerait qu'un fantôme puisse vivre dans cette montagne sans intérêt !"

그 때
길모퉁이에서,
갑자기 흐느껴 우는 소리가 들렸다.
그의 앞에 한 젊은 여인이 쪼그리고 앉아
서글피 울고 있었다.
"아! 길을 잃어버렸구나. 누가 집으로 가는 길을 찾아 주려나?"
울먹거리며 그녀가 말했다.
'이런 곳에 사람이 있을 수 있다니?'
젊은 여인이 이런 숲 속에서 길을 잃는다는 것은
있을 수 없는 일이었다.
정여린이 마침 이곳을 지나갔으니 망정이지
만약 귀신이 그보다 먼저 도착했다면 어찌할 뻔 했는가?
정여린이 여인에게 가까이 다가가 보니
그녀는 자신의 집에서 일하던, 얼굴이 예쁘장한 계집종 옥이였다.
이 얼마나 놀랄 일인가! 젊은이는 여인의 이름을 불렀다.
"얘, 옥이야! 너 거기서 뭐 하는 게냐?"

Pourtant, à un détour du chemin,
Jeong Yeo-lin entendit soudain une
petite voix qui sanglotait.
Là-bas, devant lui, une jeune femme à
croupetons reniflait avec tristesse.
"Oooooh ! Je suis perdue ....hoquetait-elle,
qui pourrait bien m'aider à retrouver
le chemin de la maison... ?"
Qui cela pouvait-il bien-être ?
Une jeune femme perdue dans cette forêt,
voilà qui n'était pas banal !
Enfin, c'était une chance,
le jeune homme passait justement par là.
Imaginez qu'un spectre soit arrivé avant lui.
En s'approchant, il reconnut Oki,
une jolie servante de sa maison.
Ça, c'était une vraie surprise !
Le jeune homme héla la demoiselle:
"Eh ! Oki ! Que fais-tu là ?"

옥이는 정여린을 보자마자 더 목 놓아 울기 시작했다.
그녀의 뺨 위로 굵은 눈물방울이 흘러내렸다. 젊은이는 도통 영문을 알 수 없었다.
"어째서 이 숲 속에 혼자 와있는 것이냐? 이곳은 위험하다 알려주는 이 하나 없더냐?"
"도련님이 안 계신 동안, 대수롭지 않은 일로 마님께서 화가 나셨습니다.
그리하여 저를 때리시더니 결국 이렇게 내쫓으셨어요.
쫓겨난 몸으로 걷다 보니 보시다시피 이 숲에서 길을 잃게 되었사옵니다."
"뭐라고? 어머니가 너를 때렸다고? 말도 안 된다!" 그는 당황한 목소리로 말했다.
"가자, 눈물을 거두고 집으로 돌아가자. 이게 어찌 된 영문인지 소상히 밝혀야겠다."
당황한 옥이는 무릎을 꿇고 앉아 알 수 없는 소리로 중얼거리더니, 간청하였다.
"아니요! 댁으로 돌아가지 않겠어요. 마님께서도 원치 않으실 거에요.
차라리 '화사동'으로 데려가 주세요. 그곳에 있는 제 식구들을 찾아가겠어요."
'화사동에 데려가 달라고? 왜 화사동으로 가려는 거지?
그 외진 곳에는 오두막집이 하나 있을 뿐인데.' 정말이지 미심쩍은 이야기였다.
게다가 이 어여쁜 계집종은 고아였기 때문에 그녀가 말한 곳에는 집도 가족도 없었다.
하지만 한 떨기 장미보다 더 싱싱한 얼굴, 진주보다 고운 이,
그리고 슬픔을 감치는 그녀의 눈물은 그를 설득하기에 충분했다. 정여린은 그녀의 아름다움에 사로잡혔다.
젊은이의 마음속에서 이제 막 사랑이 시작되고 있었다.
그러나 그는 옥이의 말을 들어주는 대신에 그녀를 나주로 데려가 혼인해야겠다고 마음먹었다.

Dès qu'Oki aperçut Jeong Yeo-lin,
elle se mit à pleurer de plus belle, de grosses larmes roulaient sur ses joues.
Le jeune homme était de plus en plus perplexe :
"Pourquoi donc es-tu venue au milieu de ces bois, personne ne t'a avertie du danger de ces lieux ?"
"Pendant votre absence, pour une bêtise... Votre mère s'est fâchée contre moi.
Elle m'a battue et chassée de votre maison.
Alors je suis partie et maintenant me voilà perdue dans cette montagne."
"Quoi ? Ma mère t'aurait frappée ? Impossible ! rétorqua le jeune homme interloqué.
Allons, sèche tes larmes et rentrons à la maison, il nous faut éclaircir cette affaire."
Oki tomba à genoux, bredouilla des explications confuses et supplia Jeong Yeo-lin :
"Non ! Je ne veux pas retourner chez vous et votre mère non plus ne souhaite pas mon retour.
Emmenez moi plutôt à Hwasa, j'y retrouverai les miens."
A Hwasa ! Quelle drôle d'idée, se dit Jeong Yeo-lin, il n'y a qu'un ermitage dans ce coin reculé.
Décidément cette histoire était bien plus louche qu'il n'y paraissait, d'autant plus, que la jolie servante,
orpheline, n'avait ni maison ni famille dans ce lieu-dit. Mais Oki implorante,
avec un visage plus frais qu'une rose,
des dents plus fines que des perles et ses larmes qui ourlaient son chagrin, avait tout pour convaincre.
Jeong Yeo-lin était subjugué par tant de beauté. L'amour venait de s'ouvrir à lui,
mais au lieu de céder à la requête de la jeune femme, il décida de la ramener à Naju pour l'épouser.

하지만 이 아름다운 여인은 그를 따라가려 하지 않았다.
그래서 정여린은 옥이에게 팔을 내밀게 하여
보따리에 있던 끈으로 순식간에 그녀의 손목을 묶었다.
그리하여 옥이는 할 수 없이 그의 뒤를 따랐다.
1리도 채 가지 않아 옥이의 입에서 불만이 터져 나왔다.
"아이고! 손 좀 풀어주시어요!
어찌하여 제 손을 묶으신 겁니까?
당최 무슨 생각이신지,
이런 꼴로 어떻게 걸으라는 말씀이십니까?"
"옥이야, 어찌서 걸을 수 없다고 하는 게냐.
내가 네 손을 묶었지 네 발을 묶은 것은 아니지 않느냐?"
정여린이 소리쳤다.
옥이는 길 가는 내내 손이 묶인 채
따라갈 수 없다 저항하였지만
그는 들은 척도 하지 않았다.

Cependant, la belle ne voulait pas le suivre,
alors il lui demanda de tendre les bras et,
en un tour de main, il lui lia les poignets avec une corde qu'il avait dans son baluchon.
Ainsi attachée, Oki n'eut d'autre solution que de suivre le jeune homme.
Ils n'avaient pas fait un li* que la jeune femme commença à se plaindre :
"Aïgo* ! Déliez-moi les mains ! Pourquoi m'avez-vous lié les mains ?
Qu'avez-vous donc en tête ?
Ne voyez-vous donc pas que je ne peux pas marcher comme ça ?"
"Mais que dis-tu Oki ? s'exclama Jeong Yeo-lin,
pourquoi ne pourrais-tu pas marcher comme ça ?
Ce ne sont pas tes pieds mais tes mains que j'ai attachées !"
Tout le long du chemin, la jeune femme, ainsi ligotée,
se plaignit de ne pas pouvoir suivre le jeune homme.
Mais Jeong Yeo-lin fit la sourde oreille et ne prêta plus foi aux supplications d'Oki.

마침내 그들이 나주의 입구에 당도하니,
개들이 옥이를 향해 사납게 짖기 시작하였다.
개들 중 가장 큰 개 한 마리가 이를 드러낸 채
으르렁거리며 다가가 옥이를 위협했다.
"안 돼! 오지마!"
공포에 질린 옥이가 고함쳤다.
정여린이 미처 손쓰기도 전에 큰 개 한 마리가
순식간에 옥이의 목으로 뛰어 올랐다.
그가 간신히 개를 떼어놓았지만
옥이는 피투성이가 되어 쓰러졌다.
숨이 끊어지는 순간,
옥이는 꼬리가 세 개 달린 여우로 변했다.
그것은 옥이가 아니었다.
사실 정여린이 금성산에 씐 요물을 데려왔던 것이다.
이 날 이후로, 정여린의 용기 덕분에
금성산에서는 더 이상 이상한 일이 생기지 않았다.

Ils arrivèrent ainsi aux portes de Naju
où les chiens commencèrent à aboyer férocement contre
Oki. L'un d'eux, plus gros que les autres,
s'approcha, menaçant et grondant toutes babines retroussées.
"Non ! Ne t'approche pas, hurla Oki pleine de terreur."
Mais le molosse sauta à la gorge de la jeune femme,
sans que Jeong Yeo-lin puisse faire quoi que soit.
Lorsqu'enfin il parvint à chasser le chien,
Oki tomba sanglante puis,
au moment d'expirer,
se transforma en une renarde à trois queues.
Il ne s'agissait pas d'Oki ! En réalité,
Jeong Yeo-lin avait ramené
le fantôme qui hantait la montagne Geumseong.
Depuis ce jour, grâce au courage du jeune homme,
il n'y eut plus de phénomènes étranges dans cette montagne.

Gumiho (구미호) est le nom donné aux renardes à neuf queues, créatures mythiques des légendes orientales. Littéralement, gumiho (구미호) signifie : gu (구) : le chiffre neuf, mi (미) : belle et ho (호) : le renard.

Ondol (온돌) est le système traditionnel de chauffage des maisons coréennes. Il fonctionne de la même manière qu'un hypocauste.

Yangban (양반) est une personne appartenant à la noblesse coréenne.

Yeonho (연호) est un prénom féminin dont yeon (연) en hanja signifie belle ou jolie et ho (호) le renard.

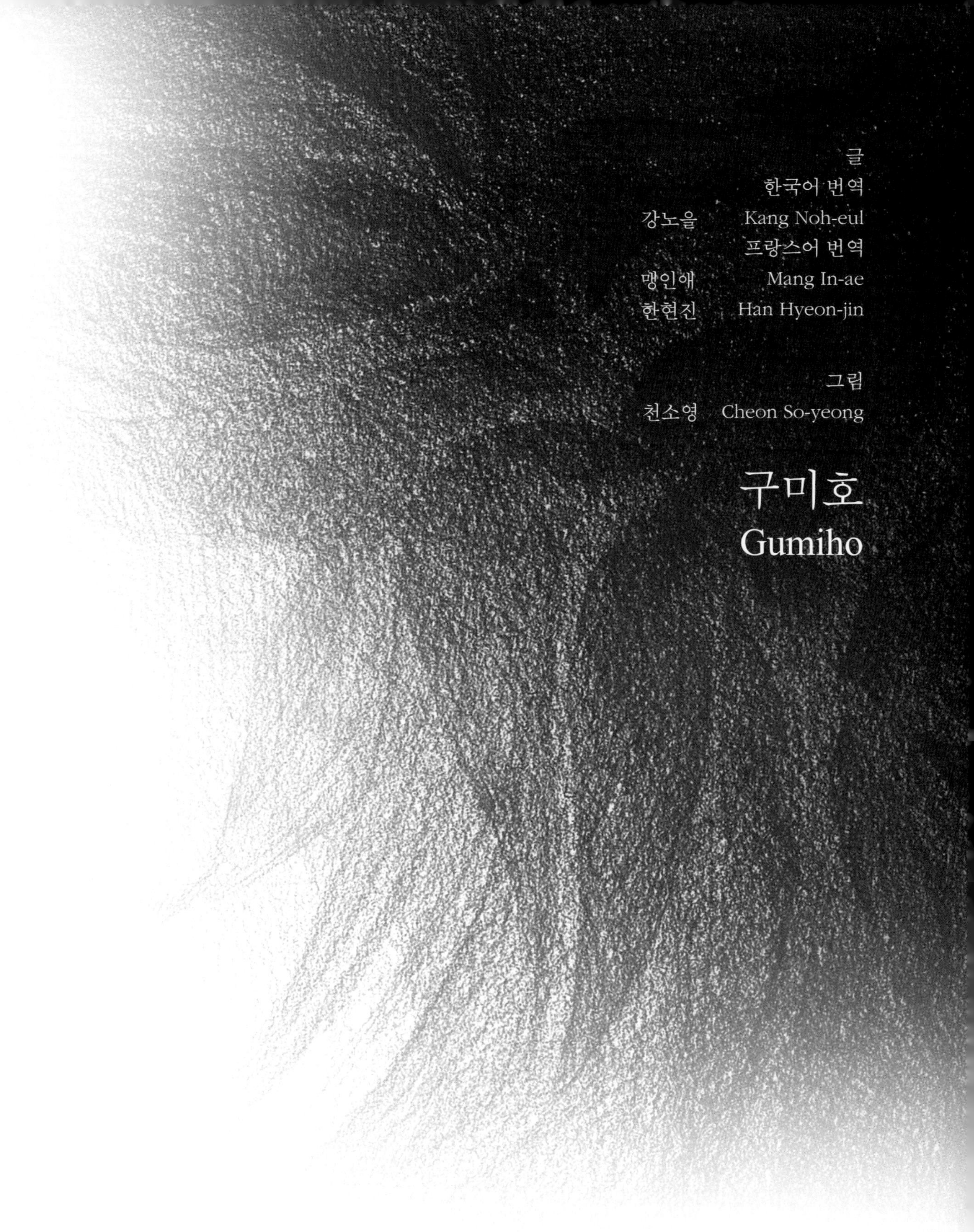

글
한국어 번역
강노을 Kang Noh-eul
프랑스어 번역
맹인애 Mang In-ae
한현진 Han Hyeon-jin

그림
천소영 Cheon So-yeong

구미호
Gumiho

옛날 옛적에 마음씨 착한 봉수라는 나무꾼이 노모와 함께 살고 있었다.
노모는 가엽게도, 워낙 연로한 탓에 병으로 고통스러워 하고 있었다. 효성이 지극한 봉수는 어머니가 부족하신 것이 없도록 정성을 다해 보살폈다.
어느 겨울 날, 아랫목에 깔아 놓은 이불 속에 누워 있던 어머니가 아들을 불렀다.
"아들아, 이 어미는 죽을 날이 머지 않았구나.
그러니 이 어미에게 산딸기를 좀 따다 줄 수 있겠느냐?"
노모는 제정신이 아닌 것이 분명했다.
그도 그럴 것이 때는 한겨울로, 엄청난 폭설로 인해 온 세상이 눈으로 뒤덮였기 때문이다. 젊은 나무꾼은 참담했다. 왜냐하면 가장 맛있는 산딸기는 꼬리가 아홉 개 달리고 낮에는 아름다운 여인으로 변신하는 구미호들이 사는 산속에서만 자라기 때문이었다.

A cette époque là, les tigres fumaient la pipe, Bongsu, un jeune bûcheron, plein de bonté, habitait dans un village avec sa mère. La pauvre femme, à cause de son grand âge, était malade. En bon fils, Bongsu faisait tout son possible pour que sa mère ne manquât de rien. Un jour d'hiver, sous les couvertures dans lesquelles elle s'était roulée sur la partie la plus chaude du plancher, elle appela son fils :
"Bongsu, mon enfant, je me meurs, ne pourrais-tu pas m'apporter quelques belles framboises de la montagne ?"
La vieille avait sans doute perdu l'esprit, car nous étions au milieu de l'hiver et la neige, abondante cette année là, recouvrait toute la campagne de son épais manteau. Le jeune bûcheron en était désespéré, les plus belles framboises ne poussaient que dans une partie de la montagne particulièrement redoutée, hantée par des gumiho*, ces renardes à neuf queues, qui le jour revêtent l'apparence de jolies femmes.

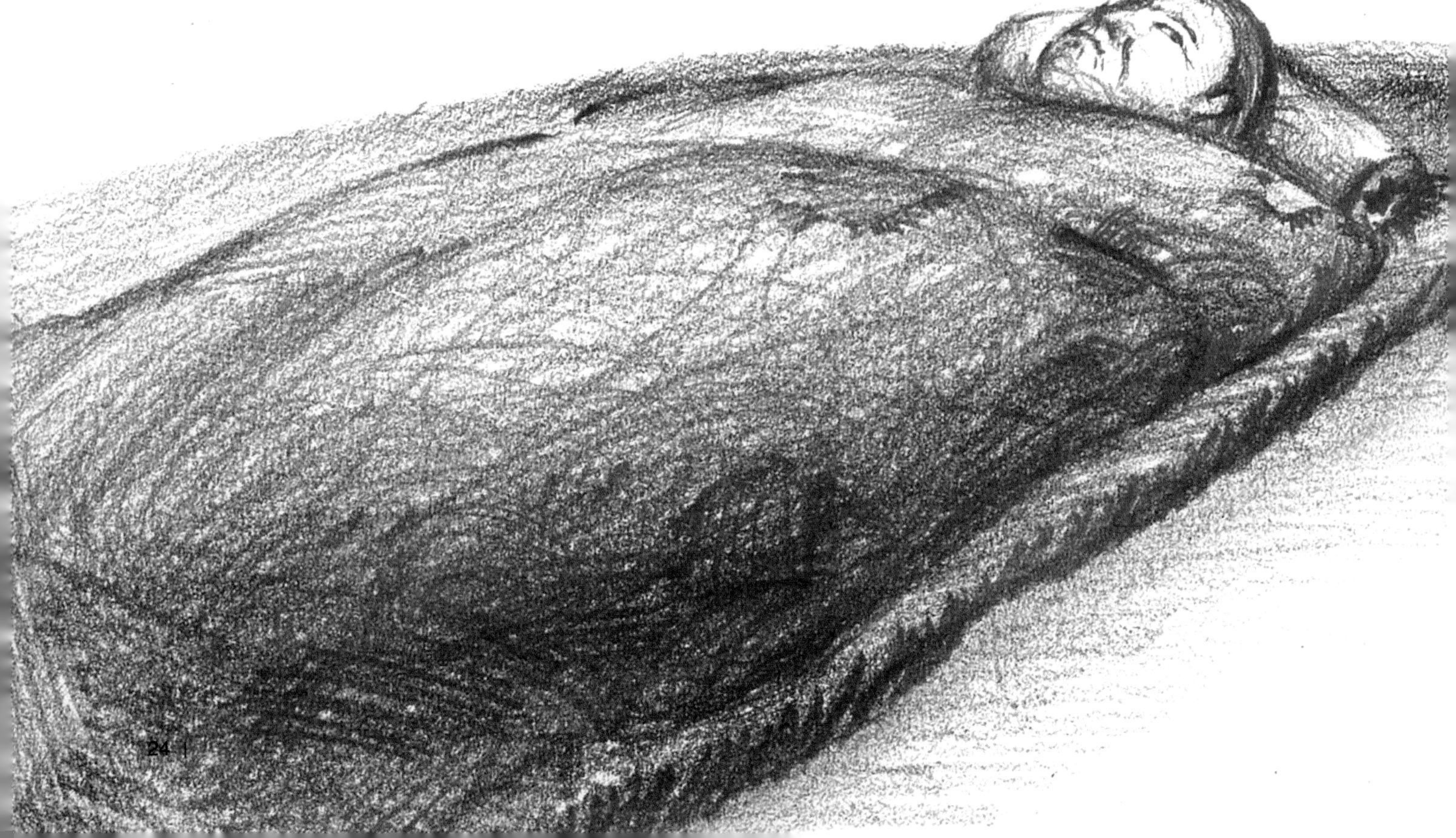

동양의 민간 신앙에서는 구미호를 해를 끼치는 존재로 여겼으나, 사실상 구미호가 원하는 것은 따로 있었다. 그것은 바로 인간이 되어 그들의 잔인성을 벗고자 하는 것이었다. 이를 이루기 위해서는 두 가지 방법이 존재했다. 그 방법은 천일 동안 정체를 들키지 않은 채 인간들 사이에서 살아가거나 인간의 생간을 천 개 삼키는 것이었다.

어머니께 효를 다하고 싶었던 봉수는 마침내 위험을 무릅쓰기로 하였다. 그는 제일 따뜻한 버선에 짚신을 신고 산을 향해 떠났다. 발이 푹푹 빠지는 눈길을 걸으며 혹시라도 지난여름 새들이 남겨놓았을지도 모를 산딸기를 찾기 위해 두 눈 크게 뜨고 얼어붙은 덤불 사이를 살폈다. 그 순간, 그는 겨울을 가르는 맑고 쌀쌀한 공기 보다 더 그를 얼어붙게 하는 기묘한 광경을 보게 되었다. 여우의 얼굴을 한 여인이 죽은 두 사냥꾼의 몸 위로 고개를 숙인 채 그들의 생간을 먹고 있는 것이 아닌가?

그녀는 틀림없이 구미호였다!

Les croyances populaires orientales les considèrent comme maléfiques. Mais en réalité, ces créatures n'ont qu'un seul but, celui de devenir humaines et d'abandonner leur bestialité. Pour cela, deux solutions s'offrent aux gumiho : soit elles parviennent à vivre mille jours, parmi les hommes, sans être démasquées ; soit elles doivent dévorer, crus, mille foies d'homme.

"Bongsu voulait le meilleur pour sa mère, alors, il se résigna, enfila ses sandales de paille sur ses plus chaudes chaussettes et partit dans la montagne. Ses pas s'enfonçaient dans la neige, il écarquillait les yeux pour trouver, dans les buissons gelés, des framboises que les oiseaux auraient miraculeusement épargnées depuis la fin de l'été. Tout à coup, il observa une scène étrange qui le glaça davantage que l'air vif et tranchant de l'hiver. Une femme, dont les traits du visage évoquaient celui d'un renard, penchée sur le corps sans vie de deux chasseurs, était en train de dévorer, tout cru, leur foie. Sans nul doute, c'était une gumiho !

봉수는 너무나 놀란 나머지 정신을 잃고 말았다.
정신을 차리고 보니, 그는 좁은 동굴 안에 누워 있었다.
노랗고 빛나는 귀를 가진 구미호는
그를 위협적인 눈으로 뚫어지게 쳐다 보았다.
"내 산에는 무얼 하러 온 게냐?"
구미호가 날카롭게 소리쳤다.
공포로 얼어붙은 젊은 나무꾼은 '병든 노모를 위해
산딸기를 찾으러 왔노라' 더듬거리며 말했다.
전후 사정을 들은 구미호는 젊은이의 효성에 감탄하여
잠시 생각하더니 다음과 같이 제안했다.
"날 여기서 기다려라. 너의 산딸기를 찾아다 주마. 마침 내
은신처에서 얼마 떨어지지 않은 곳에 있다."
그리곤 쏜살같이 동굴 밖으로 뛰어 나갔다.
그녀는 곧장 돌아와 언 산딸기 한 주먹을 봉수에게 내밀었다.
"자 여기 네 산딸기를 받거라. 구미호가 말했다. 그러나 떠나기 전
아무에게도 말하지 않기로 약속하여야 한다! 알겠느냐! 오늘 네가 본
것을 천 일 동안 아무에게도 발설해서는 안 된다. 만약 약속을 어긴다면
내 몸소 너의 간을 빼내어 삼켜버릴 것이다."
젊은이는 맹세했고, 구미호는 사라졌다.

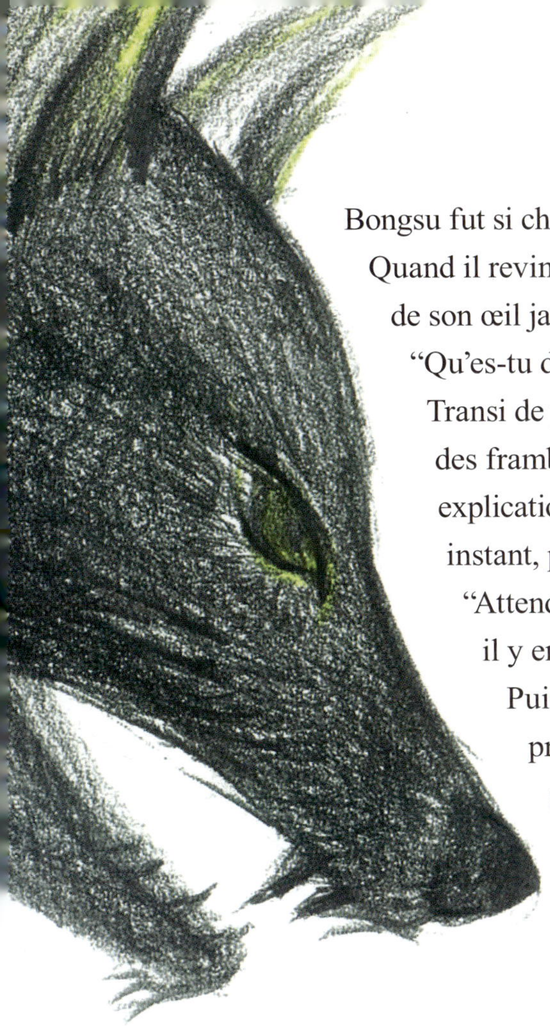

Bongsu fut si choqué, qu'il en perdit connaissance.

Quand il revint à lui, il était allongé dans une étroite caverne où la gumiho, de son œil jaune et brillant, le dévisageait, menaçante :

“Qu'es-tu donc venu faire dans ma montagne ?” glapit la créature.

Transi de peur, le jeune bûcheron bredouilla qu'il était venu chercher des framboises pour sa vieille mère malade. Après avoir entendu ces explications, la gumiho touchée par la bonté du jeune homme réfléchit un instant, puis lui proposa :

“Attends-moi ici, je vais chercher tes framboises, il y en a justement à deux pas de mon terrier.”

Puis, comme une flèche, elle bondit hors de son antre. Elle revint presque aussi rapidement avec une belle poignée de framboises gelées, qu'elle tendit à Bongsu.

“Tiens voilà tes framboises ! chuinta la femme renarde. Mais avant de partir, tu dois me promettre de ne dire à personne ! Tu entends ! A personne et pendant mille jours, ce que tu as vu aujourd'hui. Si tu manques à ta parole, je viendrai, en personne, t'arracher le foie pour le dévorer tout cru.”

Le jeune homme jura, et la gumiho disparut.

두려움과 추위에 몸이 떨렸지만, 구미호의 손아귀에서 벗어난 것에 안도하며, 봉수는 어머니께 산딸기를 갖다 드렸다. 다음날 봉수가 나무를 하러 집을 나섰을 때, 숲 근처에서 상냥하고 연약해 보이는 아름다운 여인이 그를 기다리고 있는 듯했다. 그는 별 관심을 보이지 않고 계속해서 길을 떠났다. 이름 모를 여인은 그가 숲에 다다를 때까지 따라왔다.

Tremblant de peur, grelottant de froid, mais heureux d'avoir échappé aux griffes de la renarde, Bongsu rapporta des framboises à sa mère. Le lendemain, quand le bûcheron sortit de sa maison pour couper du bois, à l'orée de la forêt, une jolie femme à l'apparence douce et fragile semblait l'attendre. Il n'y prêta pas une grande attention et poursuivit son chemin. L'inconnue le suivit jusqu'à la futaie où il se rendait.

그녀의 행동에 놀란 봉수가 물었다.
"뉘 신지요? 어째서 저를 따라 오시는지요?"
"저는 연호라 하옵니다. 저는 고아로 집도 절도 없는 신세이옵니다. 사람들이 여기 노모와 함께 사는 사내가 있다고 하여 저와 혼인을 해주십사 하고 찾아왔사옵니다."
"먼저 저의 어머니께 여쭈어야 할 듯합니다."
봉수가 어깨를 으쓱하며 중얼거렸다. 그리고 그는 가던 길을 계속 갔다. 그날 오후 내내 연호는 그를 끈질기게 쫓아다녔다. 저녁이 되었고 그녀는 봉수의 초가집까지 따라갔다. 사내의 노모는 처음에 놀랐으나 젊은 처자의 미모를 보고는 기뻐하였다. 어여쁜 처자가 갑자기 나타난 것은 놀라운 일이 아닐 수 없었다. 노모의 아들이 마침내 안사람을 맞이할 수 있게 된 것이다. 이는 아들이 나무를 하러 갔을 때 자신을 돌봐줄 누군가가 생겼다는 것을 의미하는 것이기도 했다. 그리하여 노모는 둘의 혼인을 서둘렀다. 혼례식이 끝난 후 부부와 노부인은 행복한 나날을 이어갔다.

Alors, intrigué par le comportement de cette femme, Bongsu lui demanda :
“Qui êtes-vous mademoiselle ? Et pourquoi me suivez-vous ?”
“Je m’appelle Yeonho*, je suis orpheline, sans feu ni logis. On m’a dit qu’il y avait ici un jeune homme célibataire qui habitait avec sa vieille mère. Alors, je suis venue jusqu’ici pour savoir s’il voudrait bien me prendre pour épouse.”
“Il faudrait voir ça avec ma mère, grommela Bongsu, en haussant les épaules.”
Puis, il continua son chemin. Mais tout le reste du jour, Yeonho le suivit avec persistance. Le soir venu, elle l’accompagna jusqu’à sa chaumière. La vieille mère de l’homme fut tout d’abord étonnée, mais devant la beauté de la jeune femme, elle se réjouit. L’apparition, soudaine de cette si jolie fille, était presque inespérée. Son fils pourrait enfin trouver une épouse. Lorsque Bongsu irait dans les bois bûcheronner, il y aurait quelqu’un pour s’occuper d’elle. Alors, la mère les força à se marier. Après leur mariage, le couple et la vieille femme vécurent heureux ensemble en paix.

그러나 이 집은 찢어지게 가난했다. 그의 부인과 노모를 먹여 살리기 위해서 봉수는 새벽부터 해가 질때까지 뼈 빠지게 나무를 해왔으나 쌀을 사기에는 여의치 않아 그보다 싼 보리를 조금 살 수 있을 정도였다. 또한 그의 부인이 아이를 가졌다는 소식을 전했을 때, 그는 여느 아버지처럼 기뻐하는 대신에 슬퍼할 수밖에 없었다. 점점 불어나는 식구를 먹여 살리기에 그의 능력은 턱없이 부족하다는 것을 잘 알고 있었기 때문이다. 노모 역시 궁핍한 가정형편 때문에 이 소식을 듣고 많은 눈물을 흘렸다.

어느 날 저녁, 연호는 조용히 외출한 뒤 한밤중이 되어서야 돌아왔다. 그리곤 이불 속에 살짝 들어가 남편을 깨워 빛나는 물건 하나를 주었다. 손가락 사이로 이리저리 그 물건을 굴려보던 봉수의 눈은 기쁨으로 빛나기 시작했다.

그것은 매우 값어치 있어 보이는 진주였다. 다음 날 아침 봉수는 마을로 내려가 보석을 팔아 쌀과 고기를 사서 집으로 돌아왔다. 이 돈으로 봉수는 양반처럼 살 수 있을 것으로 생각했다. 그래서 그는 사실상 일하는 것을 그만두고 주막에서 화투를 치며 시간을 보냈다. 그리하여 어느 날 돈은 또다시 바닥을 드러냈다.

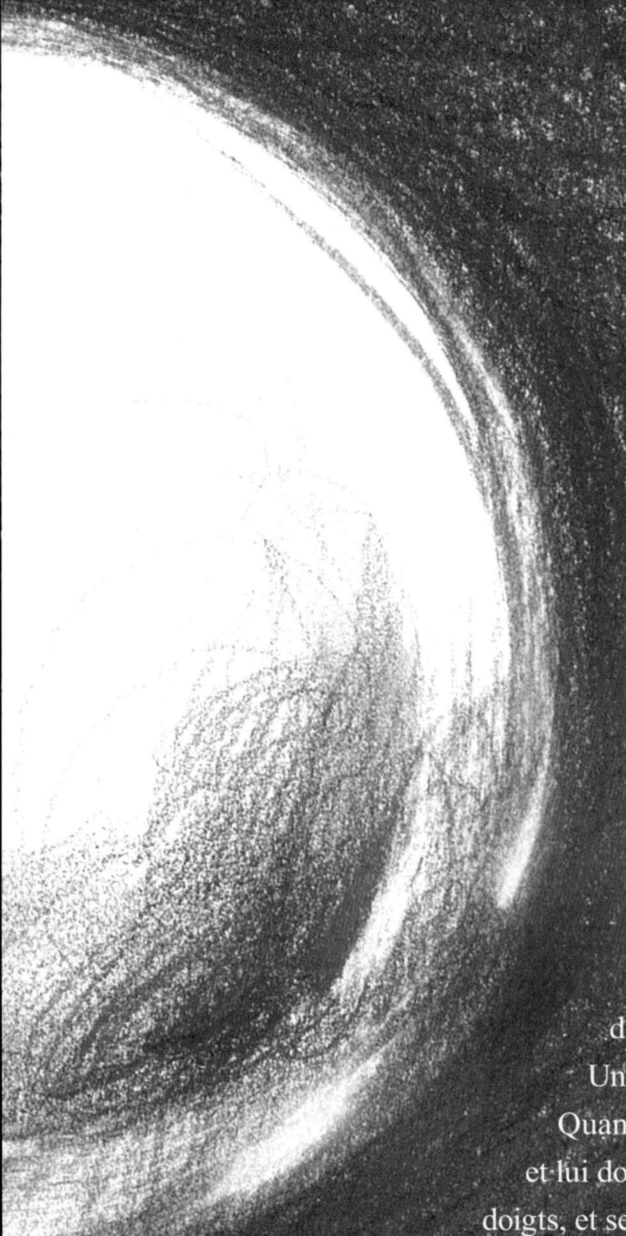

Cependant, la famille était très pauvre. Bongsu avait beau s'échiner au travail de l'aube au crépuscule, coupant et sciant du bois pour vivre, il ramenait à peine de quoi payer un peu d'orge, bien moins cher que le riz pour nourrir sa femme et sa mère. Aussi, quand sa jeune épouse lui annonça qu'elle attendait un enfant, au lieu de se réjouir comme l'aurait fait n'importe quel père, il s'attrista, car il savait qu'il était incapable de subvenir aux besoins de sa famille grandissante. La vieille mère, aussi, pleura beaucoup à cause de cette nouvelle, synonyme d'autres privations.

Un soir, Yeonho sortit sans bruit et rentra fort tard dans la nuit. Quand elle se glissa sous la couverture, elle réveilla son mari et lui donna un petit objet étincelant. Bongsu le fit rouler entre ses doigts, et ses yeux se mirent à briller de contentement. C'était une perle et elle lui parut d'une très grande valeur. Le lendemain matin, il se rendit en ville où il vendit la gemme et rapporta à la maison une rondelette somme d'argent, avec laquelle,
il acheta du riz et même de la viande.
Grâce à ce petit pécule, Bongsu pensait qu'ils pourraient vivre à la manière des yangban. Aussi, il s'arrêta pratiquement de travailler, préférant passer son temps, dans les tavernes, à jouer aux cartes. Tant et si bien qu'un jour, l'argent vint, une nouvelle fois, à manquer.

"어째서 더는 일하지 않으시는 건가요?" 연호가 걱정스레 물었다.
"당신이 가져다준 진주 덕분에 더는 일할 필요가 없잖소, 안 그렇소?"
나무꾼이 퉁명스레 대답했다.
"그렇지만 진주를 판 돈은 눈녹듯 사라져 이제 거의 남지 않았사옵니다.
우리 아이는 어떻게 키우려고 이러시는 겁니까?"
이 말을 듣고 봉수는 화가 치밀어 올랐다. 동전 한 닢 남지 않았다면
그는 이제 어떻게 화투놀이를 할 것인가?
화가 난 봉수는 연호를 때리며 욕을 했다.
"이런 새대가리 같으니! 도대체 집안 살림을 어떻게 한 게요? 사람들이
이제 우리를 뭐로 보겠소! 애초에 진주 한 알을 얻어왔으니 또 구해올
수 있을 것 아니오?" 그가 소리쳤다.

"Pourquoi donc ne travailles-tu plus ?" s'inquiéta Yeonho.
"Grâce à cette perle que tu as rapporté,
je n'ai pas besoin de travailler,
n'est ce pas ?"
rétorqua le bûcheron d'un ton bourru.
"Mais, tout l'argent de cette perle a fondu comme neige au
soleil, s'exclama la jeune femme.
Nous n'avons presque plus rien.
Comment allons nous nourrir notre petite fille ?"
A cette nouvelle, Bongsu se fâcha.
Comment allait-il continuer
à jouer aux cartes s'il n'avait plus un sou ?
Alors, de colère il frappa et injuria Yeonho :
"Tête d'oiseau ! Comment as-tu géré l'argent de notre
famille ? De quoi allons-nous avoir l'air maintenant ?
Si tu as trouvé une perle,
ne pourrais-tu pas en trouver d'autres ?" cria-t-il.

악의에 찬 봉수는 자신의 노름 때문에 돈을 다 써버렸다는 것을 잊고 있었다. 아름다운 연호는 아무것도 할 수 없었다. 그녀는 그들의 행복했던 신혼 생활을 떠올렸다. 그녀는 체념한 채, 밤이 되자 조용히 집을 나섰다.
연호가 가져온 진주들에 눈이 먼 나머지 봉수는 아내가 어디서 이 보물들을 구해왔는지 물어볼 생각조차 하지 않았다.
그럼에도 봉수의 노름질은 점점 더 심해졌다. 그는 그가 딸 때보단 잃을 때가 더 많은 노름에 집착하며 연호가 가져온 진주가 필요할 때만 집으로 돌아왔다.

Dans sa mauvaise foi, Bongsu oubliait que l'argent avait disparu à cause de sa passion pour le jeu.
La belle Yeonho ne pouvait rien y faire,
et se souvenait des jours heureux du début de leur mariage. Alors, elle se résigna et la nuit venue,
elle sortit sans un bruit.
Les perles, que Yeonho ramenait, rendait son mari dans un tel état d'extase, qu'il ne pensait jamais lui demander d'où elle pouvait tirer ces trésors.
Toutefois, Bongsu devenait chaque jour, plus mauvais.
Il ne pensait qu'au jeu où il perdait bien plus qu'il ne gagnait et ne revenait chez lui que pour réclamer les perles que sa femme lui apportait.

그런데 어느 늦은 저녁, 화투놀이를 끝마친 봉수는 길가에 쓰러져 있는 연호를 발견하게 되었다. 도적들이 그녀를 기습하여 그들의 칼날이 연호의 가슴을 뚫고 들어간 것이다. 연호는 겨우 도망쳐 초가집에서 몇 발짝 떨어진 곳에 쓰러져 있었다. 피투성이가 된 그녀를 발견하였을 때, 봉수는 자신이 얼마나 이기적이었는지 후회하게 되었다. 그녀를 품에 안고 집으로 돌아간 봉수는 오열하며 약속했다.
"연호, 내 사랑하는 연호, 난 정말 못난 놈이오. 당신과 우리 아이를 돌보는 대신에 이 망할 노름에 빠져 재산을 탕진하고 말았구려."
그는 아내를 아랫목에 눕히고 그녀의 머리맡에 머물며 정성껏 돌보았다. 그리하여 기적적으로 연호는 기력을 되찾게 되었다. 그 사건 이후로, 신혼 때와 같은 행복이 부부에게 다시 찾아왔다. 가을에서 겨울로 넘어가고, 북쪽의 차가운 바람이 오랫동안 그들의 초가집 안에 맴돌았다. 이 단란한 가족은 절절 끓는 온돌 위 이불 속에 옹기종기 모여 앉아 삶의 기쁨을 만끽했다.

Et puis, un soir tard, après avoir joué aux cartes, Bongsu trouva Yeonho étendue sur le chemin. Des bandits l'avait surprise, la lame de leur couteau avait glissé entre deux côtes. Pourtant, Yeonho avait réussi à leur échapper et à s'enfuir pour s'écrouler à quelques pas de leur chaumière. Quand Bongsu la découvrit ensanglantée, il se repentit d'avoir été si égoïste. Il la prit dans ses bras, la ramena chez eux et lui promit entre deux sanglots :
"Yeonho, ma douce Yeonho, je ne suis qu'un misérable ! Au lieu d'être près de toi et de notre enfant pour vous protéger, je jouais à ces maudites cartes qui nous volent tout notre argent."
Il étendit son épouse dans la partie la plus chaude de leur chambre, passa de longues heures à son chevet pour la soigner et la sauva miraculeusement.
Après ce tragique événement, le bonheur revint dans le couple comme aux premiers temps de leur mariage. L'automne fit place à l'hiver, l'air glacial du nord les confinait de longues heures, à l'intérieur de leur chaumière. Sur l'ondol* brulant, ils se pelotonnèrent sous les couvertures et profitèrent des plaisirs de la vie.

그러던 어느 날, 부부가 함께한 지 999일이 되었다. 이날을 축하라도 하는 듯이 눈이 펑펑 내리기 시작하여 온 세상이 눈으로 뒤덮였다. 밖은 매우 추웠으므로 그들은 어린 딸을 사이에 두고 이불 속에 몸을 웅크리고 있기로 하였다.

봉수는 지금과 마찬가지로 그의 집을 에워쌌던 혹한의 어느 겨울날이 문득 떠올랐다. 시간이나 때울 심산으로 봉수가 말문을 열었다.

"벌써 삼 년이 지난 일이오. 그때 나는 아직 아무에게도 말한 적 없는 끔찍한 경험을 하였지. 나는 어머님께서 드시고 싶어 하시는 산딸기를 찾아 산속으로 향했다오. 눈은 오늘 밤처럼 두껍게 쌓이고 바람은 칼날보다 매서웠지. 그런데 어느 오솔길 모퉁이에서 구미호를 만났지 뭐요! 구미호가 두 사냥꾼 시체 위에 수그리고 앉아서 그들의 간을 빼 먹고 있었지. 난 이제 죽었구나 싶었는데 그 요물이 배가 불렀는지 날 전혀 해치지 않더라고."

"구미호가 어떤 경고를 하지 않던가요?"

연호는 짜증이 난 듯 메마르고 냉랭한 목소리로 물었다.

"당신 말이 맞소. 구미호가 날 살려준 대신에 나는 천 일 동안 아무 말도 하면 안 되었지."

"만약 그걸 어긴다면, 구미호가 직접 당신의 간을 빼내어 삼켜버린다 하지 않았나요!"

부인은 격노하며 말했다.

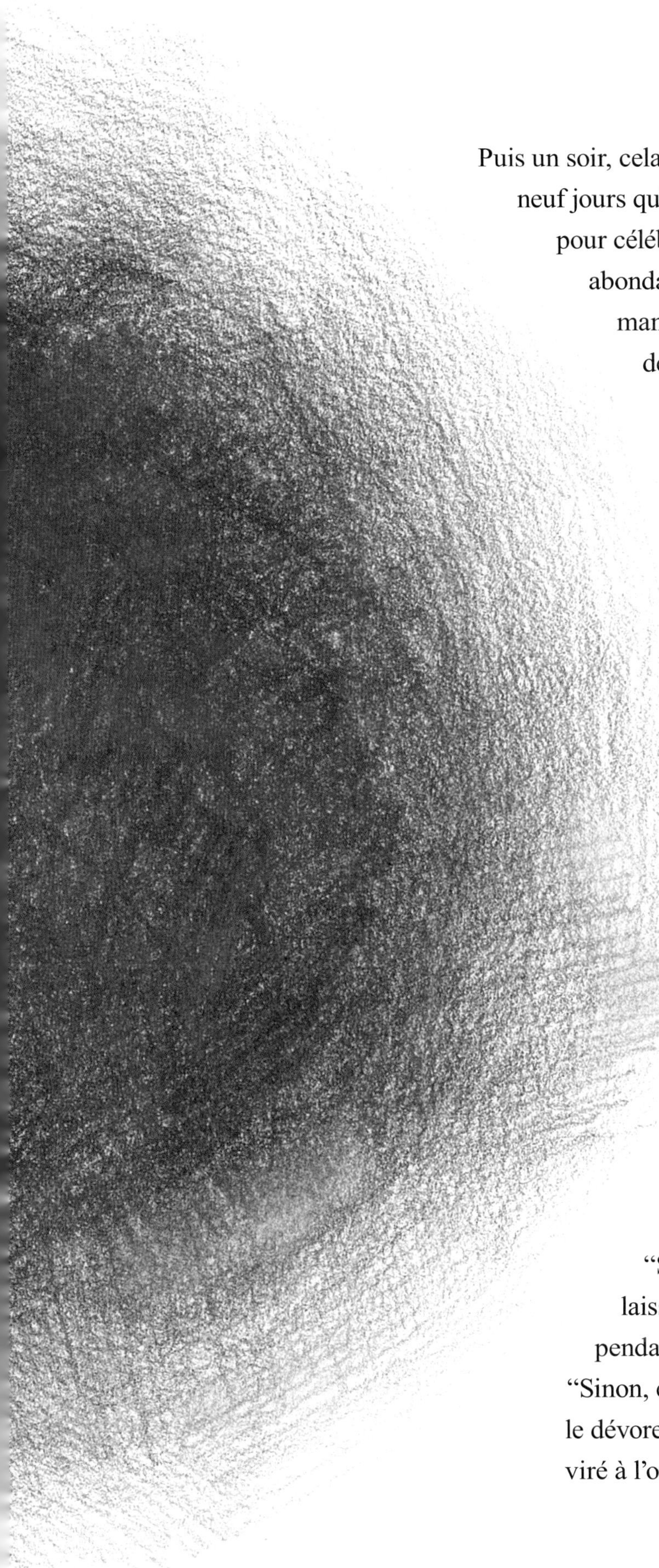

Puis un soir, cela faisait exactement neuf cent quatre vingt dix neuf jours qu'ils s'étaient unis pour la première fois, et comme pour célébrer cet évènement, la neige se mit à tomber abondamment recouvrant la campagne d'un épais manteau. Dehors, il faisait tellement froid, alors ils décidèrent de se blottir sous les couvertures, leur petite fille entre eux deux.

Bongsu se souvint alors d'un hiver identique à celui qui s'était installé autour de chez eux. Aussi pour passer le temps, il se mit à raconter son histoire :

"Il y a trois ans de cela, fit-il, j'ai vécu une terrible expérience, que je n'ai encore dite à personne. J'étais parti dans la montagne pour chercher des framboises que ma mère me réclamait. La neige était aussi épaisse que ce soir et l'air plus tranchant qu'un rasoir. Là-bas, au détour d'un sentier, j'ai surpris une gumiho ! Elle était penchée sur les corps de deux chasseurs et mangeait, tout cru, leur foie. J'ai bien cru mourir, mais, sans doute déjà rassasiée, elle ne me fit aucun mal."

"Ne t'a-t-elle pas donné un avertissement, demanda Yeonho d'un ton sec et cassant, comme si elle était agacée."

"Si, tu as raison, répondit Bongsu. La gumiho me laissait la vie sauve, mais je ne devais rien révéler pendant mille jours."

"Sinon, elle viendrait, en personne, t'arracher le foie pour le dévorer tout cru !" Lança la femme dont l'humeur avait viré à l'orage.

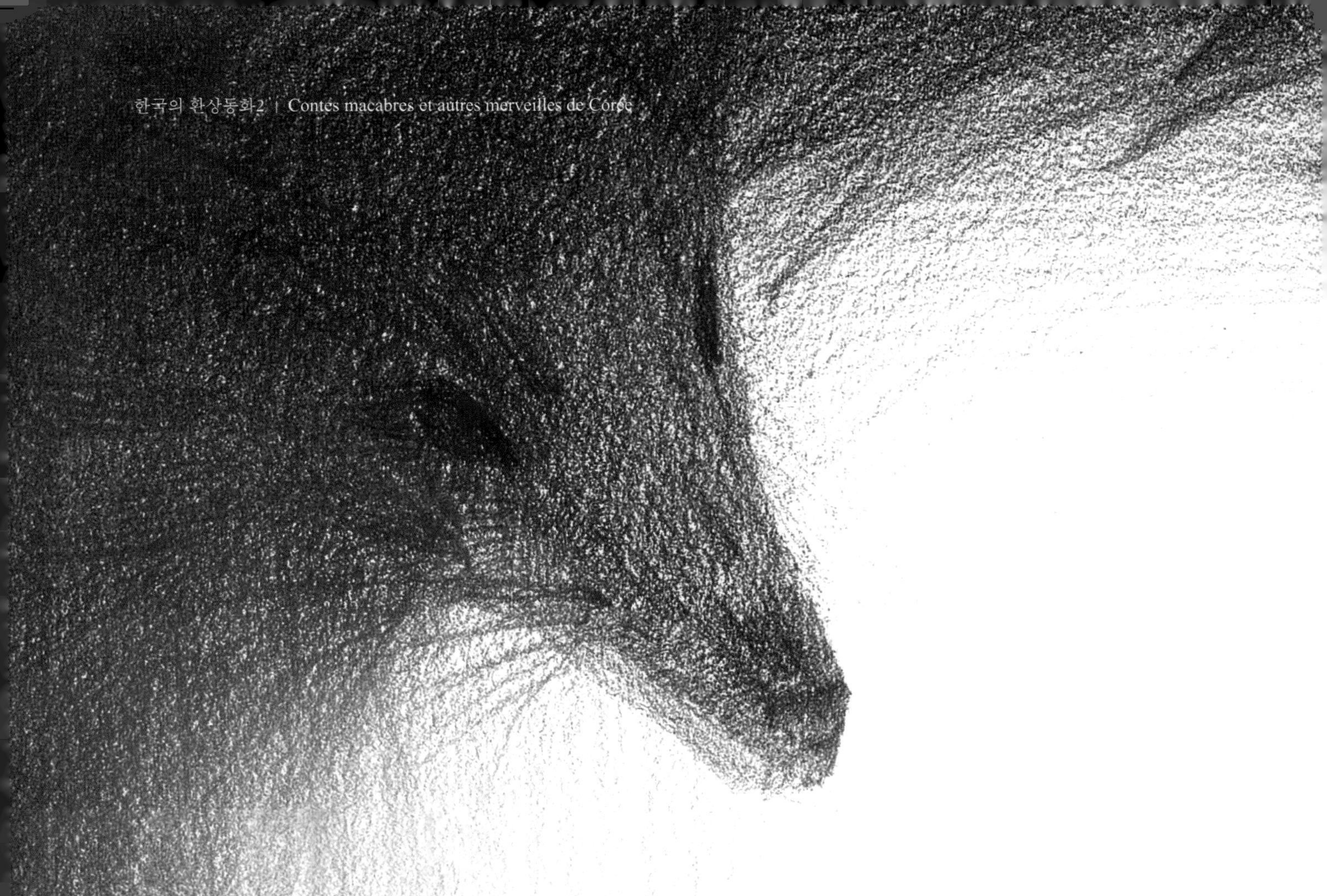

봉수는 그의 아내를 쳐다보았다. 그러나 그녀는 더이상 그의 아내가 아니었다! 그녀가 있던 자리에는 그가 예전에 산속에서 만났던 요물이 자리하고 있었다. 분노한 구미호는 노랗고 빛나는 눈으로 그를 쳐다보며 말했다.

"이 어리석은 놈! 네놈이 모든 걸 망쳐 버렸구나! 오늘이 내 마지막 밤이었는데. 내일 새벽이면 난 진짜 여자가 될 수 있었는데. 내 모든 노력이 수포로 돌아갔어. 이 배은망덕한 놈, 네 놈이 노름할 때 쓴 진주가 어디서 나온 것인지 아느냐? 우리 구미호들은 인간들을 죽인 다음 노잣돈으로 그들의 입에 진주를 넣어주지. 네놈이 하도 불쌍하여 무덤에서 그 진주들을 파내었던 게다. 노름에 눈이 먼 네 탐욕과 욕망은 끝을 모르더구나. 너의 방탕한 생활을 채워주려고 마지막 무덤을 파다가 하마터면 죽을뻔했다. 내 몸속엔 아직도 무덤 지기들의 칼 조각이 남아 있단 말이다. 하지만 난 살아남아 오늘 이 마지막 밤까지 버텼지. 그렇지만 이제 너무 늦었어! 너를 더 이상 살려두지 않겠다. 이제 네 간을 빼먹을 시간이다."

Bongsu regarda son épouse. Mais ce n'était plus elle! A sa place, se tenait cette femme diabolique, qu'il avait rencontrée, trois ans auparavant dans la montagne. La gumiho, furieuse, le regardait de ses yeux jaunes et brillants :

"Pauvre sot ! glapit la gumiho. Tu as tout gâché ! C'était ma dernière nuit. Demain, à l'aube, j'aurais pu enfin devenir une vraie femme. Mais tous mes efforts n'ont abouti à rien. Tu n'es qu'un ingrat. Sais-tu d'où venaient les perles qui te permettaient de jouer ? Après leur mort, on les glisse dans la bouche des hommes, pour monnaie de passage vers l'au-delà. Tu avais l'air si pauvre. Alors, j'ai creusé de mes griffes la terre des tombes pour te donner ces perles. Mais ton avidité et ton désir de jeux étaient sans borne. Pour satisfaire ton vice, j'ai frôlé la mort en excavant le dernier tombeau. J'ai encore dans mon corps le goût du fer de mes assassins : les gardiens de ces tertres. Mais j'ai survécu et tenu patience, jusqu'à ce dernier soir. Maintenant, il est trop tard ! Je ne te laisserai plus la vie sauve. Le moment est venu de retirer, tout cru, ton foie."

봉수는 구미호에게 무릎을 꿇고 어머니 봐서라도 살려달라고 용서를 빌었다. 구미호는 순간 망설였다. 이상한 감정이 그녀에게 엄습했다. 그녀의 심장은 처음으로 나무꾼에 대한 연민으로 가득 찼다. 이는 분명 딸로 연결된 핏줄 때문이었으리라.
그 순간, 어린 딸도 여우로 변했다. 어미와 딸은 꼬리 아홉 개로 허공을 갈랐다. 그때 문이 쾅하고 닫히더니 아내와 딸이 사라졌다. 봉수는 모녀를 좇아 어둠 속으로 빨려 들어갔다. 목이 쉬도록 아내와 딸의 이름을 부르며 날이면 날마다 온 산속을 헤매었지만 다시는 그녀들을 볼 수 없었다.

Bongsu se jeta au pied de la gumiho et implora son pardon en invoquant sa mère. La renarde hésita, un étrange sentiment l'envahit. Son cœur, une nouvelle fois, s'emplit de pitié pour le bûcheron. Sans doute, parce que les liens du sang unissaient sa fille à cet homme.
A cet instant la petite fille se transforma elle aussi en renarde. Elles fouettèrent l'air de leurs neuf queues. La porte claqua, la mère et la fille disparurent. Bongsu s'engouffra dans la nuit à leur poursuite, il les appela à s'époumoner, courut les bois et la montagne durant des jours et des jours, mais il ne les revit jamais plus.

Jinseong (진성) fut une reine du royaume de Silla (신라). Elle régna de 887 à 897.

Kodachi (코다치)***:*** court sabre médiéval japonais de 40 à 65cm, utilisé souvent par paire était une arme favorite des assassins.

« ***Restez en paix*** » et « ***partez en paix*** » sont les traductions littérales de « au revoir ». L'une ou l'autre de ces expressions est utilisée en fonction de ce que font les locuteurs (rester ou partir). Comme il s'agit d'une question, l'usage veut que l'on y réponde par « oui »

Silla (신라) ***:*** Petit royaume du Sud-Est de la Corée, entre le 1er siècle Av J.-C. et le VIIème siècle ap. J.-C., le royaume de Silla, s'est considérablement agrandit suite à la conquête des royaumes voisins :
les chefferies de Gaya (가야) au sud, le royaume de Baekje (백제) à l'ouest, puis en 668, grâce à son alliance avec la dynastie Tang de Chine, aux vastes territoires du royaume de Goguryeo (고구려) au Nord. En 676, Munmu, 30e roi de Silla, unifia la péninsule. Le pays devint prospère et sa civilisation atteignit un haut degré de développement. Le royaume de Silla dura jusqu'en 935.

Tteok (떡) est un petit gâteau fait avec de la farine de riz.

Waegu (왜구) est la dénomination coréenne des wakô (倭寇) : bandes de pirates japonais.

글

한국어 번역

강노을 Kang Noh-eul

프랑스어 번역

김시내 Kim Sin-ae

우지윤 Woo Ji-youn

그림

안은영 An Eun-young

용의 간을 먹은 여우

Le renard qui mangea le foie des dragons

때는 진성여왕이 통치하던 시절, 신라 연안지대는 견디기 힘든 소란에 시달리고 있었다. 왜구들의 배가 파도처럼 끊임없이 밀려와 항구와 연안 마을들을 약탈했다. 왜구들은 농작물을 약탈하거나 태우기만 한 것이 아니라 여자들을 무자비하게 짓밟았으며, 그들의 코다치의 칼날이 만나는 모든 것들을 쓰러뜨렸다. 해상무역은 해적들의 공격으로 전멸되었다. 배들은 망가진 채 텅 비어 정박지에 머무를 뿐이었다.

Lors du règne de la reine Jinseong*, tout le littoral du royaume de Silla était en proie à de terribles désordres.

Les jonques des waegu* venaient, en vagues incessantes, razzier et mettre à sac ports et villages côtiers. Les pirates japonais ne faisaient pas que piller ou brûler les récoltes, sans merci, ils violentaient les femmes et les lames de leur kodachi* s'abattaient sur tous ceux qu'ils croisaient. Le commerce maritime était complètement anéanti par les abordages. Les bateaux, cales vides, restaient en panne à leur mouillage.

어부들도 감히 돛을 올려 먼바다로 나갈 생각을 못했다. 예전에 매우 번영했던 어시장도 더는 상품을 내놓지 않았다. 황폐와 굶주림이 바로 코앞에 있었다. 어떻게든 해결책을 찾아야 했다.
그래서 진성여왕은 둘째 아들인 양패와 50명의 정예군사를 당나라로 보내 그들의 조언과 동맹을 얻고자 했다.
곧 배를 준비하여 서쪽을 향해 출항 준비를 하였다. 그런데 그들이 곡도 근처에 도달하였을 때 바다가 요동치기 시작했다. 서늘한 바람이 일더니 태풍으로 변해 배가 좌우로 흔들리고, 강한 파도가 선박의 늑재까지 타고 올라와 갑판 위에까지 출렁거렸다. 군사들은 장루 위에서 앞 돛대와 높이를 맞추어 돛을 내렸다. 그러나 그 모든 노력에도 불구하고 돛대가 부러지려 하였으므로 작은 만에 닻을 내려 거친 파랑으로부터 피신하기로 하였다. 마침내 폭우가 잠시 멈췄을 때 양패와 그의 무리는 거친 날씨가 끝날 때까지 곡도에 머물기로 하였다.

Les pêcheurs, eux-mêmes, n'osaient plus hisser les voiles pour le large. Les marchés aux poissons, jadis si prospères, n'offraient plus rien de bon. La misère et la famine étaient aux portes du royaume ; il fallait trouver une solution.
Alors, la reine Jinseong envoya, en ambassadeur, son fils cadet, le prince Yangpae et cinquante de ses plus valeureux soldats, en Chine, afin d'obtenir aide et conseils de leurs alliés : les Tang.
On apprêta une jonque diplomatique, qui appareilla sans encombre vers l'Ouest. Cependant, lorsqu'ils arrivèrent près de l'île de Gok, la mer devint grosse et agitée, le vent fraîchit, vira à la tempête, le navire roulait, la houle démontée frappait la coque, les vagues fortes et hautes déferlaient sur le pont. On diminua les voiles au maximum sur les vergues de hune comme de misaine. Mais le bateau semblait, malgré tout, prêt à se démâter ; on alla alors l'abriter de la furie des éléments, dans une crique où l'on jeta l'ancre. Enfin, lors d'une accalmie, le prince Yangpae et sa troupe se résolurent à mettre pied à terre sur l'île de Gok, pour attendre la fin des intempéries.

여러 날이 지났지만, 태풍은 가라앉을 기미를 보이지 않았다. 그래서 양패는 점을 쳐보기로 하였다.
"이 태풍은 범상치가 않구나. 바다를 가라앉히려면 어찌해야겠느냐?" 왕자가 물었다.
"저희 섬에는 섬의 수호신인 용왕이 사는 큰 못이 있습니다. 만약 왕자님께서 그분께 제물을 바치신다면, 더는 어려움 없이 바다로 나가실 수 있을 것입니다." 점쟁이가 대답했다.
양패는 점쟁이가 조언한 대로 행동했다. 그는 연못가로 가서 제단을 만들어 그 위에 과일과 술, 떡을 바쳤다. 그리고 오랫동안 절하며 용왕이 자비를 베풀기를 빌었다.
"용왕이시여, 당신의 자비와 능력에 간청 드립니다. 저희 백성들이 갖은 고초를 겪고 있습니다. 당신의 성소를 떠나 다시 길을 나설 수 있도록 태풍을 잠재워 주시옵소서."
왕자가 기도를 마치자마자 연못이 성난 바다처럼 거품을 내며 부글거리기 시작하였다. 양패는 이 모습을 보면서 용왕이 자신의 기도를 들어 주었다 생각했다. 그는 새벽이 되면 그의 사내들과 함께 다시 당나라로 떠날 수 있으리라 확신하였다.

Plusieurs jours passèrent, mais le typhon ne paraissait pas vouloir se calmer. Alors, Yangpae décida de consulter un chamane.
"Cette tempête n'est pas naturelle. Que pouvons-nous faire pour apaiser les éléments?" demanda le prince.
"Sur notre île, il y a un grand étang dans lequel vit le Dieu-dragon, l'esprit protecteur de notre île, répondit le chamane. Si vous lui faites des offrandes, vous pourrez, sans doute, reprendre la mer sans plus de difficulté."
Le prince Yangpae fit ce que le chamane lui avait conseillé. Il se rendit sur les bords de l'étang, dressa un autel, sur lequel il déposa des fruits, de l'alcool et des tteok*. Puis, il se prosterna longuement, invoquant la clémence de l'esprit du lieu.
"Seigneur Dieu-dragon, j'implore votre bonté et votre toute puissance. Mon peuple souffre mille morts. Permettez-nous de quitter votre sanctuaire, ordonnez au typhon de se calmer pour que nous puissions reprendre notre route."
Il avait, à peine, finit sa prière, que soudain, l'eau de l'étang se mit à bouillonner comme dans une gigantesque marmite furieuse. Yangpae vit, dans ce phénomène, l'assurance que le Dieu-dragon l'avait entendu. Il en était certain, qu'à l'aube venue,il pourrait reprendre la mer avec ses hommes, pour la Chine au pays des Tang.

그럼에도 불구하고, 이튿날 아침, 폭풍우는 가라앉을 생각을 하지 않았다. 다른 어떤 막강한 힘이 그들이 곡도를 떠나는 것을 허락하지 않는 것이 분명했다.
밤이 되어 잠자리에 든 양패는 이상한 꿈을 꾸게 되었다. 매우 연로한 노인이 그에게 다가와 말했다.
"만약 왕자님의 최고의 궁수가 섬에 남는다면, 바람은 분명히 멎을 것입니다. 그러면 왕자님은 곡도를 떠나 서해를 항해할 수 있을 것입니다. 대나무 위에 궁수들의 이름을 적어 연못에 던지십시오. 연못에 가라앉는 것이 있거든 그 사람이 남도록 하십시오. 그러면 나머지 사람들은 당나라로 떠날 수 있을 것입니다."
이른 아침에 양패왕자는 모든 군사를 연못 주위로 모이게 했다. 그는 다음과 같이 명령했다.
"모두 대나무 조각 위에 자신의 이름을 적어 연못 안으로 던지거라. 연못에 가라앉은 조각의 임자가 곡도에 남게 될 것이다."

Toutefois le lendemain, la tempête ne s'était nullement assagie. D'autres forces plus puissantes ne voulaient pas les autoriser à quitter l'île de Gok.
La nuit suivante, dans son sommeil, Yangpae fit un étrange rêve. Un vénérable vieillard vint à lui et lui dit.
"Si votre meilleur archer reste, le vent tombera sans conteste. L'île de Gok, vous pourrez quitter, en mer de l'Ouest naviguerez. Jetez vos noms sur du bambou. Celui qui coulera dans l'étang, celui-là restera. Les autres au pays des Tang s'en iront."
Au petit matin, le prince Yangpae réunit tous ses hommes au bord de l'étang. Il leur commanda.
"Ecrivez vos noms sur de petites planches de bambou et jetez les dans l'étang. Celle qui coulera désignera celui d'entre nous qui devra rester sur l'île de Gok."

군사들은 자신의 이름을 적어 푸르스름한 연못 안으로 던졌다. 운명이 적임자를 결정해 줄 터였다. 대나무 조각은 자기들끼리 이리저리 부딪치며 물결을 타다가 갑자기 조각 하나가 연못 속으로 사라져 버렸다.
사람들은 모든 대나무 조각을 회수한 뒤 이름을 불렀다.
그러자 군사들 사이에서 아우성이 터져 나왔다.
"거타지입니다, 거타지가 선택되었습니다!"
몇몇은 자신이 선택되지 않았음에 안도하며 그에게 축하를 건넸고, 다른 이들은 그를 불쌍히 여기고 동정하였으며, 또 다른 이들은 그에게 행운이 함께 하기를 격려해주었다. 그 누구도 거타지가 얼마나 이 섬에 머물러야 하는지, 동료들 없이 혼자 이겨내야 할 과업이 무엇인지 알 수 없었다.
"운명이 나를 택했군. 나는 죽는 날까지 홀로 이 섬에 머물게 되겠지. 그렇지 않다면 사악한 힘에 맞서 싸우다 죽을 것이다." 용감한 궁수가 말했다.

Ainsi fut fait, les soldats inscrivirent leur nom et les lancèrent dans l'eau verdâtre. Le destin allait choisir. Les plaquettes de bambou tanguèrent les unes contre les autres sur l'onde et tout à coup l'une d'entre elle sombra irrémédiablement. On récupéra toutes les autres plan-chettes, on fit l'appel et une clameur s'éleva au milieu des soldats.

"C'est Geotaji*, c'est Geotaji qui a été choisi!" Les uns le félicitèrent heureux de ne pas avoir été choisis, les autres le plaignirent et compatirent, d'autres encore lui souhaitèrent chance et courage. Personne ne savait combien de temps Geotaji allait devoir rester sur cette île, ni ne connaissait les épreuves qu'il devrait affronter seul sans ses compagnonsd'armes.

"Le sort m'a désigné, confirma le valeureux archer. Je demeurerai sur cette île, dussé-je croupir ici seul jusqu'à la fin de mes jours, ou mourir contre les forces maléfiques."

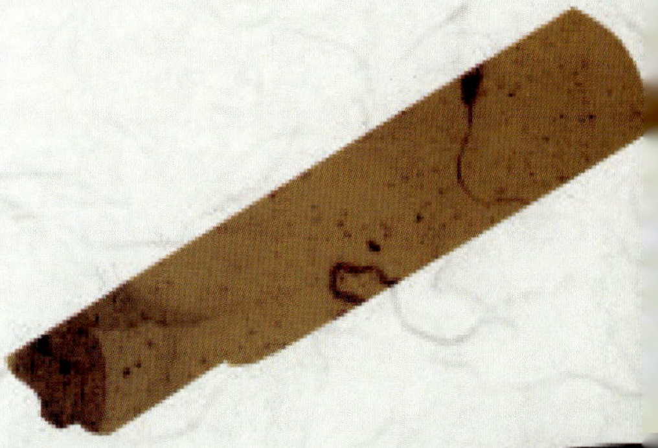

"안녕히 계시게 거타지. 만약 형세가 좋아 동맹이 잘 맺어진다면 내 그대를 다시 데리러 올 것이네."
떠나기 전 양패가 말했다.
슬픔으로 복받치는 가슴을 안고, 거타지는 배가 해안가에서 멀어지는 모습을 바라보았다. 그러고는 연못가로 가 생각에 잠겼다. 푸르른 수면 위로 몸을 기울여 물에 비친 자신의 얼굴을 바라보았을 때 물결이 동요하더니 그의 얼굴 대신에 노인의 얼굴이 희미하게 떠올랐다.
"나는 서해의 용왕입니다. 내 힘에도 불구하고 어느 사미승이 용궁으로 교묘히 들어 왔습니다. 우리가 자고 있는 동안 그 놈이 우리 가족의 간을 모두 삼켜 버리는 바람에 우리는 영원히 잠들어 깨어날 수 없게 되었습니다. 오직 맑은 심성을 가진 궁수만이 이 저주를 풀 수 있습니다."
그리고 환영은 희미해지더니 물은 다시금 자신의 푸른색을 되찾았다.

A peine eut-il prononcé ces paroles, que le vent tomba brusquement. La troupe en profita pour remonter sur la jonque et larguer les amarres.
"Restez en paix Geotaji, lança Yangpae avant de partir, si les vents et nos alliances sont favorables, nous reviendrons vous chercher."
Le cœur emplit de tristesse, Geotaji regarda la jonque diplomatique s'éloigner du rivage. Puis, l'archer alla méditer au bord de l'étang.
En se penchant au-dessus de l'eau verte, Geotaji regarda le reflet de son visage. Celui-ci se troubla, et fit place à un autre, diffus, d'un vieil homme vénérable.
"Je suis le Dieu dragon de la mer de l'Ouest. prononça l'esprit. Malgré mon pouvoir, un puissant moine sorcier s'est glissé dans mon palais. Alors que nous dormions, il a dévoré le foie de tous les membres de ma famille. Depuis, nous ne pouvons pas nous réveiller et sommes condamnés au sommeil éternel. Seul un archer au cœur pur pourra détruire le sortilège."
Puis, l'apparition s'estompa et l'eau repris sa teinte glauque.

다음날 아침, 거타지는 연못가에 몸을 숨겼다. 기다린지 얼마 되지 않아 사미승이 깊은 덤불 숲 사이에서 나타났다. 사미승은 궁수를 보자마자 요술을 부리기 위해 손을 들었다. 그러나 거타지가 번개같이 재빨리 활시위를 당겼다. 그의 화살은 곧장 사미승의 심장을 향해 나아갔다. 그는 외마디 비명도 지르지 못한 채 쓰러져 죽었다. 그의 시체는 커다란 여우로 변했다.
그 순간, 노인은 영원한 잠에서 깨어났다. 사미승의 죽음으로 저주가 풀린 것이다. 용왕은 아름다운 여인과 함께 연못 밖으로 나와 궁수에게 말했다.

Le lendemain matin, Geotaji se cacha au bord de l’étang. Il n’eut pas longtemps à attendre, le bonze-nécromant apparut entre d’épais fourrés. Dès que le sorcier vit l’archer, il leva la main pour lan-cer un sortilège. Mais vif comme l’éclair, Geotaji fut plus rapide et décocha sa meilleure flèche, le trait fila droit au cœur. Le moine noir s’effondra sans avoir pu prononcer une parole et saisit par la mort, son corps se transforma en un grand renard.
A ce moment là, le vénérable vieillard se réveilla de son sommeil sans fin, la mort du nécromant avait rompu le charme. Le Dieu-dragon sortit de l’étang accompagné d’une ravissante jeune femme et s’adressa à l’archer :

"우리를 영원한 잠에서 깨어나게 해 주어 감사하오. 용감하고 맑은 심성을 가진 궁수만이 우리를 구할 수 있었다오. 그 보답으로 내 딸을 주겠소."
"영광이옵니다."
여인의 우아한 미모에 매료된 거타지가 대답했다.
"그러나 그 전에 먼저 동료들과 합류해 임무를 수행하고 싶습니다."
"내가 용사의 용맹함을 제대로 알아봤군, 그리하도록 하게". 노인이 미소 지었다.
그리고 노인은 두 마리의 거대한 용을 불렀다.
"너희에게 명하노니, 거타지를 자신의 배로 데려다 주어라. 그리고 그 배가 당나라에 다다를 때까지 호위하라."
떠나기 직전에 용왕은 거타지에게 자줏빛 꽃을 한 송이 주었다.
"자 이 꽃을 받으시오. 내 딸을 생각하며 이 꽃을 소중히 여기시오."
궁수는 마치 세상에서 가장 소중한 선물인 듯 조심스럽게 꽃을 받아 가슴속에 품었다. 그리고 두 마리 용 중 하나의 허리 위에 올라탔다. 용들은 파도를 헤치며 바다를 가로질렀다. 그리하여 그는 양패와 동료들을 다시 만날 수 있었다. 모두 전설의 동물과 함께 나타난 거타지를 보며 놀라움을 감출 수 없었다. 두 용은 배를 들어 올려 당나라까지 데려다 주었다.

"Je vous remercie d'avoir brisé le maléfice qui nous emprisonnait dans cette nuit sans fin. Seul un archer valeureux et au cœur pur pouvait nous sauver.
En gage, de ma reconnaissance, je vous donne la main de ma fille."
"Je suis très honoré, répondit Geotaji subjugué par la délicate beauté de la jeune femme.
Mais avant de songer au mariage, je souhaite rejoindre mes frères d'armes et les aider dans leur mission."
"Je reconnais bien là, la bravoure d'un vaillant guerrier, sourit le vénérable vieillard.
Qu'il en soit ainsi!"
Alors, le vieil homme, invoqua deux énormes dragons.
"Je vous ordonne d'emmener Geotaji jusqu'à sa jonque. Ensuite, vous accompagnerez leur bateau jusqu'au pays des Tang."
Juste avant leur départ, le Dieu dragon tendit une fleur pourpre à Geotaji.
"Tenez, prenez cette fleur et chérissez-la en souvenir de ma fille."
L'archer saisit délicatement la fleur comme si c'était le cadeau le plus précieux au monde et la glissa contre son cœur. Puis, Geotaji monta sur la croupe d'un des deux dragons et les bêtes fendirent les flots à travers la mer. C'est ainsi qu'il retrouva le prince Yangpae et ses compagnons. Tous furent bien surpris de le voir revenir accompagné de créatures fantastiques. Les Dragons soulevèrent la jonque royale et l'emportèrent au pays des Tang.

이 광경을 본 당나라 사람들은 더욱더 놀랐다. 용이라는 존재는 전설 속에서나 존재하는, 아무도 본적이 없는 것이기 때문이었다. 당나라 황제는 이 전설의 동물들에 크게 감동하여 신라가 훌륭한 곳이라 생각하게 되었다. 그래서 해안에서 자행되던 왜구의 약탈에 관한 양패왕자의 하소연을 귀 기울여 들어 주었다.
당나라 황제는 왜구에 대항하는 신라왕국을 돕기 위하여 여러 척의 군선을 정비했다. 그리고 우호의 표시로서 진성여왕에게는 아름다운 비단을, 궁궐에는 고급 도자기를 보냈다.
평화를 되찾은 고국으로 되돌아온 거타지는 품속에서 용왕이 준 자줏빛 꽃을 꺼내었다. 이 꽃은 곧장 형언할 수 없이 아름다운 미모를 지닌 여인으로 변하였다. 혼례식은 시끌벅적 한 잔치와 함께 거행되었고 그들은 죽을 때까지 오래오래 행복하게 살았다.

Là-bas, l'étonnement fut encore plus grand, car de mémoire d'hommes, si les dragons peuplaient les légendes, on n'en avait encore jamais vu. L'empereur des Tang, impressionné par les créatures fabuleuses, pensa que le royaume de Silla* était merveilleux. Aussi, il écouta d'une oreille très attentive la complainte du Prince Yangpae contre les terribles waegu japonais qui saccageaient leurs côtes.
L'empereur des Tang fit armer plusieurs vaisseaux de guerre pour venir en aide au royaume de Silla contre les pirates. Et il offrit, en gage d'amitié, de nombreux présents somptueux dont, d'exquises soieries pour la reine Jinseong et des porcelaines fines pour son palais.
De retour dans son pays enfin pacifié, Geotaji retira de son sein la fleur pourpre du Dieu-dragon. Celle-ci se transforma immédiatement en une délicate jeune femme d'une indicible beauté. Les noces furent célébrées dans un tourbillon de fêtes, puis ils vécurent heureux jusqu'à la fin de leurs vieux jours.

Bunhwangsa (분황사), ou le « temple du prince fragrant » fait partie des lieux historiques encore existant dans la ville de Gyeongju (capitale du royaume de Silla). Actuellement, on peut toujours voir le puits où les trois dragons furent libérés.

« ***Etes-vous en paix ?*** » est une formule de politesse qui correspond à notre « bonjour ».
Comme il s'agit d'une question, l'usage veut que l'on y réponde par « oui ».

Silla (신라) ***:*** Petit royaume du Sud-Est de la Corée, entre le 1er siècle Av J.-C. et le VIIème siècle ap. J.-C., le royaume de Silla, s'est considérablement agrandit suite à la conquête des royaumes voisins : les chefferies de Gaya (가야) au sud, le royaume de Baekje (백제) à l'ouest, puis en 668, grâce à son alliance avec la dynastie Tang de Chine, aux vastes territoires du royaume de Goguryeo (고구려) au Nord. En 676, Munmu, 30e roi de Silla, unifia la péninsule. Le pays devint prospère et sa civilisation atteignit un haut degré de développement. Le royaume de Silla dura jusqu'en 935.

Wonseong (원성), 38ème roi du royaume de Silla, il régna de 785 à 798.

글
한국어 번역
강노을 Kang Noh-eul
프랑스어 번역
박태희 Park Tae-hee
신정민 Shin Jung-min

그림
연지현 Yeon Ji-hyon

포로가 된 용
Les dragons prisonniers

신라의 원성왕이 궁궐의 뜰 안을 조용히 거닐고 있었다.
그는 지금 막 수도인 경주의 초입에서 당나라 사신을 배웅하고
오는 길이었다. 교류는 성공적이었고,
우호조약은 국가의 평화와 번영이 계속되리라는 것을 예상케 했다.
그때 두 여인이 갑자기 나타나 군주에게 다가갔다.
그들은 자신을 용들의 아내라고 소개했다.
"안녕하시옵니까? 마마" 두 여인은 정중하게 인사를 올렸다.
"무슨 일인가?" 원성왕이 물었다.
"마마께 간청할 일이 있어 찾아왔사옵니다.
혹시 당나라에서 온 밀사를 만나지 않으셨습니까?"
"그랬지! 사신들은 오늘 아침 일찍 떠났다네."
왕은 이 여인들이 궁궐의 일에 대해 매우 잘 알고 있음에
놀라워하며 말했다.
"저희의 지아비와 그들의 아우가 동천사 근처의
동지연과 청지연에 평화롭게 살고 있었습니다."

Le roi Wonseong*, du royaume de Silla*, se promenait
tranquillement dans les jardins de son palais.
Il venait de raccompagner la délégation de l'ambassadeur
du pays des Tang aux portes de Gyeongju,
la capitale du royaume. Les échanges avaient
été plus que cordiaux ;
les traités d'amitié laissaient présager la
continuité de la paix et de la prospérité du pays.
Deux femmes apparurent soudainement,
elles s'approchèrent du monarque et se présentèrent
comme étant les épouses de dragons :
"Etes-vous en paix* votre majesté ? demandèrent
poliment les deux femmes, en guise de salutation."
"Que puis-je faire pour vous ? leur demanda le roi Wonseong."
"Nous venons vous faire une requête. Ne venez-vous pas de
recevoir, les émissaires de l'ambassadeur des Tang ?"
"Si fait ! La délégation est partie ce matin à l'aurore,
répondit le roi, fort surpris, que ces femmes soient
si bien informées des affaires du royaume."
"Nos époux et leur frère cadet vivaient en paix dans les étangs
de Dongji et de Cheongji dont les eaux calmes s'étendent dans
les environs du temple Dongcheonsa."

"그런데 3일 전에 하서에서 온 걸로 보이는
남자가 찾아왔었습니다. 그가 재주를 부려 용 셋을
작은 물고기로 변하게 한 다음 대나무 통에
담아가 버렸습니다.그리하여 마마께 저희 지아비들을
구해달라 간청 드리고자 이렇게 찾아왔습니다."
"이런, 정말 큰일이구나. 고민을 좀 해 보아야겠다. 하지만 너무 염려 말아라.
만약 그 말이 사실이라면 그대들의 지아비와 아우를
풀어주기 위해 내 최선을 다하겠다."
안심을 한 두 여인은 뒤돌아서서 몇 발짝 걷더니
처음에 그랬던 것처럼 연기 사이로 홀연히 사라졌다.
보통 심각한 일이 아니었다. 용은 호국의 영들이기
때문이었다. 그들이 사라진다면 나라의 평화와 번영이
끝난다는 것을 의미할 수도 있었다.
다시 말해 신라는 심각한 위험으로 치닫고 있었다.
당나라의 사신들이 중국으로 돌아가기 전에
매우 정중하고 신중한 방법으로 재빨리 행동을 취해야 했다.
원성왕은 서둘러 파발꾼을 보내 사신들이 되돌아오기를
간청하였다. 왕은 그들을 마지막 연회에 초대했다.
이렇게 해야만 귀빈들을 언짢게 하지 않으면서
왕의 뜻을 전할 수 있을 터였다.

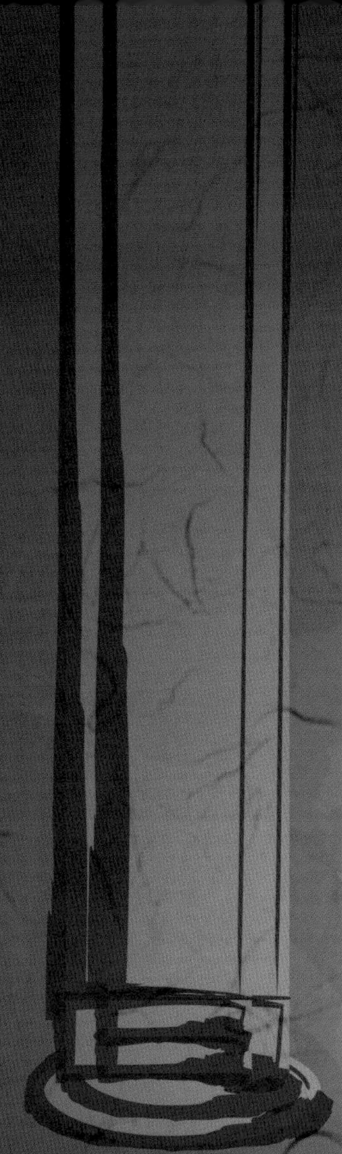

"Il y a trois jours, un étranger du pays Haseo semble-t-il, est venu. Par un habile sortilège, il a transformé les trois dragons en petits poissons pour les enfermer dans des tubes de bambou. Nous venons à vos pieds vous implorer de sauver nos maris."

Ce que vous me rapportez est de la plus haute gravité, répondit le roi. Laissez-moi réfléchir … Mais soyez sans crainte, si ce que vous dites est vrai, je ferai tout ce qui est en mon pouvoir pour libérer vos époux et leur jeune frère.

Rassurées, les deux femmes tournèrent le dos, firent quelques pas et, tout aussi subitement qu'elles étaient apparues, elles s'évanouirent dans un nuage de fumée.

L'affaire était plus que préoccupante. Les dragons sont des esprits protecteurs. Leur disparition pouvait annoncer la fin de la paix et de la prospérité : bref, le royaume courait vers de sérieux dangers. Il fallait faire vite avant que les émissaires Tang ne soient retournés en Chine et surtout agir avec courtoisie, avec la plus grande diplomatie. Aussi, le roi Wonseong dépêcha une estafette chargée de prier toute la délégation de faire demi-tour. Le roi les invitait à une dernière fête. Le roi Wonseong pourrait ainsi, à loisir, mener une enquête sans froisser ses hôtes.

궁궐에서는 진수 성찬을 준비하고, 악사와 무희, 광대들을 부르고 시와 기마 창 경합 등을 벌이게 하였다. 이제까지의 연회를 통틀어 이렇게 훌륭한 연회를 본적은 없을 정도였다. 되돌아오게 된 당의 사신들은 처음에는 언짢은 기분이 들었으나, 곧 경주에 돌아와 이 훌륭한 연회를 즐기게 된 것에 대해 기뻐하였다. 그러나 당의 사신은 원성왕이 오직 이 연회 때문에 자신들을 다시 부르지는 않았으리라 생각했다.

그리하여 식사가 끝날 즈음하여 왕에게 물었다.

"마마, 참으로 훌륭한 식사였습니다. 저희를 마치 왕자 대하듯 하시니 몸 둘 바를 모르겠습니다. 그런데 저희를 왜 다시 부르셨는지 말씀해 주시겠습니까?"

"내 듣자 하니 하서국의 사람 하나가 귀빈들을 모셨다 하더군요."

"그렇습니다. 마마" 사신이 대답했다.

On prépara les mets les plus fins, on fit venir musiciens, danseurs et acrobates, on organisa un concours de poésie, des joutes et d'autres jeux. On n'avait rarement vu agapes plus merveilleuses dans tout le royaume. La délégation Tang, d'abord un peu contrariée d'avoir dû faire marche arrière, était absolument enchantée d'être revenue à Gyeongju pour cette fête. Mais l'ambassadeur des Tang se doutait bien, que le roi Wonseong ne les avait pas fait revenir uniquement pour ces festivités.

Aussi, à la fin du repas, il demanda au roi :

"Votre majesté, ce repas est vraiment délicieux, et vous nous traitez comme des Princes. Mais dites-moi donc, pour quelle raison nous avez-vous rappelés."

"Eh bien, répondit le roi, on m'a rapporté qu'un agent du royaume Haseo accompagne votre délégation."

C'est exact votre majesté, répondit l'ambassadeur.

왕이 사신들 앞에서 큰소리로 이같이 말하자, 연회의 시작부터 안절부절못하던 남자 하나가
갑자기 일어나더니 연회장을 빠져나가려 하였다. 문지기들이 그를 저지했고, 원성왕은 말을 이었다.
"그 하서 사람이 허락도 없이 우리 용 세 마리를 훔쳐간 것 같소.
이 용들은 우리 신라를 수호하는 정령들이오.
그들이 사라진다면 이 나라의 평화 역시 사라질 것이오."
"마마, 벌레 한 마리가 사과 속으로 파고든것 같습니다.
그러나 일단 그에게 자초지종을 물으셔야 하지 않겠습니까?
마침 마마의 문지기 두 명이 그를 사로잡았습니다."
신하들이 하서 사람을 왕의 발치로 데려왔다.
"왜 용들을 훔쳐갔느냐?" 왕이 물었다.
"마마, 자비를 베풀어 용서해주십시오. 저는 하서국을 수호해 줄 용을 찾고 있었습니다.
저는 맹세코 이 용들이 그 누구의 소유도 아닌 줄 알았사옵니다.
신라를 위험에 빠뜨릴 생각 따위 추호도 하지 않았사옵니다."
"그 말이 사실이라면, 내 더는 죄를 묻지 않겠다.그러나 그 전에 그 용들을 돌려주어야 한다."
왕이 인자한 모습으로 말했다.
하서 사람은 왕에게 용을 가둬두었던 대나무 통을 돌려주었다.
그리고 왕은 그가 어떠한 경우에라도 신라로 돌아오는 것을 금지한 후 나라 밖으로 내쫓았다.
'이제 이 용들을 풀어주기만 하면 모든 문제가 해결되겠구나.'
왕은 생각했다.

A ces mots, prononcés à voix haute devant toute la délégation,
un homme mal à l'aise depuis le début des festivités, se leva brusquement
et tenta de sortir de la salle de réception. Les gardes l'interceptèrent et le roi Wonseong poursuivit :
"Il semblerait, que cet agent du Haseo se soit emparé, sans permission, de trois de nos dragons.
Ces créatures sont les esprits tutélaires de notre royaume. S'ils venaient à disparaître,
la paix de mon royaume serait compromise."
"Votre majesté, j'ignorais qu'un ver s'était glissé dans la pomme. Répondit l'ambassadeur.
Mais, vous devriez lui demander des explications, il est justement entre deux de vos gardes."
On fit venir l'agent du pays Haseo aux pieds du roi :
"Dis-nous pourquoi tu as enlevé nos dragons ? questionna le roi."
"Je prie votre grâce de bien vouloir me pardonner. Je cherchais des dragons pour la protection
de mon propre pays. Votre majesté, j'implore votre clémence, je croyais que ces dragons n'appartenaient
à personne. Jamais, je n'aurais pensé, que je pouvais mettre en danger le royaume de Silla."
"S'il en est vraiment ainsi, je suis prêt à t'accorder notre pardon, déclara le roi plein de bonté. Mais avant,
tu dois me rendre ces dragons."
L'agent du pays Haseo remit au roi, les tiges de bambou dans lesquelles étaient emprisonnés les dragons.
Puis, on le chassa du royaume avec l'interdiction formelle d'y revenir sous aucun prétexte.
Pour résoudre le problème, il faut que je délivre les dragons, se dit le roi Wonseong.

그래서 왕은 친히 말에 올라 동천사 근처에 있는 연못을 향해 달렸다.
그가 연못가에 다다랐을 때 어느 것이 이 못의 용인지 알지 못했던 왕은 당황할 수밖에 없었다.
왕은 잠시 생각하더니 결국 용을 놓아줄 장소는 중요치 않다는 것을 깨달았다.
그래서 그는 분황사의 우물에 놓아주기로 하고 수도인 경주로 돌아왔다.
왕이 대나무 통을 열었을 때 세 마리의 물고기는 금빛 번개처럼 솟아오르더니 용으로 변했다.
우물의 깊은 물 속으로 들어가기 전 용들은 원성왕에게
감사함을 표하고 신라를 지켜줄 것을 약속했다.

Alors, il monta lui-même à cheval et galopa en direction des étangs qui s'étendaient aux abords du temple Dongcheonsa. Quand il arriva au bord de l'eau, il resta perplexe, il ne savait pas quel dragon habitait dans quel étang. Il réfléchit un instant et conclut finalement que l'endroit, où il devait libérer les dragons, n'était pas important. Il décida alors de libérer les dragons dans le puits du temple Bunhwangsa* et retourna à Gyeongju la capitale. Quand le roi ouvrit les tubes de bambou, trois poissons en jaillirent comme des éclairs d'or et se transformèrent en dragons. Avant de plonger dans l'eau profonde du puits, les créatures remercièrent le roi Wonseong de les avoir sauvés et promirent de protéger le royaume.

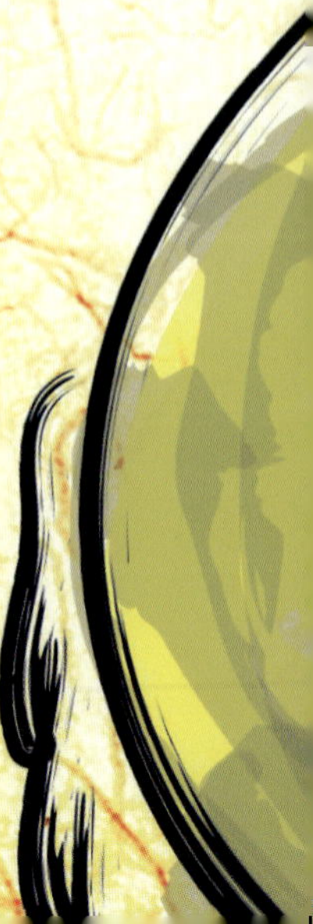

왕이 궁궐에 도착했을 때, 군중은 환호하며 그를 맞이했다.
아무도 그 이유를 몰랐지만 모든 백성의 마음속에서 자연스레 환희가 터져 나왔다.
그들의 군주는 말로 표현할 수 없는 너그러움과 힘의 후광에 둘러싸여 있었다.
왕이 말에서 내려오자 떠날 참이었던 당나라 사신은 신라를 향한 당의 호의를 다시 한 번 표하기 위해
왕의 발아래 겸허히 무릎 꿇었다. 용들이 우물 안에 살아 있는 동안 신라는 평화와 번영을 지속했다.

Lorsque le roi revint à on palais la foule l'acclama. Personne ne savait pourquoi,
mais une liesse spontanée avait jailli du cœur de tous les habitants.
Leur souverain était comme auréolé d'une force et d'une bonté ineffable.
Lorsqu'il descendit de son cheval, l'ambassadeur des Tang,
sur le point de partir, s'agenouilla humblement à ses pieds pour formuler une fois encore,
tout l'attachement que son pays portait au royaume Silla.
Tant que les dragons vivraient dans leur puits,
le pays connaitrait paix et prospérité.

Aïgo (아이고) est dans la langue coréenne, une interjection de surprise ou de dépit.

« Dix mois plus tard » : Selon la coutume coréenne, la gestation se fait sur dix mois car on compte le premier mois à partir du premier jour de la conception.

Gut (굿) est le nom donné aux cérémonies chamaniques de Corée. Durant ces cérémonies, la mudang effectue en transes une danse chamanique au rythme de percussion (tambours et gongs).

Hogyeong (효경) est un prénom masculin qui signifie brillant.

Kangchung (강충) est un prénom masculin qui signifie croyance forte.

Mudang (무당) est le nom coréen donné aux chamanes. Le chamanisme est une tradition ancestrale qui demeure encore aujourd'hui un élément important de la culture coréenne. Cet ensemble de croyances et de superstitions, n'est pas à proprement parlé une religion. Le chamanisme coréen est officié par une mudang (le plus souvent une femme), grâce à des cérémonies parfois longues et compliquées, composées de chants, de musiques et de danses, la mudang communique avec les esprits afin de faire des prédictions et des prophéties, effectue des rites de guérison et de protection appelés gut. Durant ces rites, lors d'une transe la mudang est généralement possédée successivement par différents esprits avec lesquels elle communique soit pour les apaiser lorsqu'ils sont contrariés ou offensés soit pour les chasser lorsqu'ils sont néfastes, soit encore elle les invite à s'installer lorsqu'ils sont bienveillants.

San-shinlyeong (산신령) est une figure légendaire des croyances ancestrales de Corée, bien avant que le bouddhisme y fasse son entrée.

Satto (사또) désigne la fonction administrative de la personne chargée d'appliquer le loi et la justice.

Tteok (떡) est un petit gâteau fait avec de la farine de riz.

글
한국어 번역
강노을 Kang Noh-eul
프랑스어 번역
카타리나 핀슨 Katarina pinson
엄재현 Eom Jae-hyeon

그림
김유진 Kim Yu-jin

산신령
L'esprit de la montagne

옛날 옛적 호랑이가 담배 피우던 시절 효경이라는 자가 있었다.
그는 원래 백두산에 살고 있었으나 부소산을 더 아름답다 여기어 자신이 살던 곳을 떠나기로 하였다.
그는 부소산에 머물며 순이라는 이름을 가진 여인을 만나 혼인하였다.
그녀는 자신의 이름만큼이나 아름다운 여인이었다.

A l'époque où les tigres fumaient encore la pipe, Hogyeong* décida de quitter la montagne Backdu, où il vivait, pour celle de Buso qu'il trouvait plus belle.

Il s'y installa et y rencontra Suni* une jeune femme, aussi jolie que son prénom, et l'épousa.

겨울이 끝나갈 무렵, 저장해 놓았던 고기들은 거의 다 떨어져 가자, 효경과 그의 세 친구는 산으로 사냥을 떠났다. 꽤 오랫동안 걸었음에도 사냥감 하나 찾지 못했다. 날이 저물어 어둑어둑해지기 시작했으나, 그들은 이미 자신들의 거처에서 너무 멀리 와 있었다. 지금껏 왔던 가파른 오솔길로 다시 되돌아가기에는 너무 늦었다. 바람을 피해 야영을 할 곳을 찾던 참에 효경은 바위가 갈라진 틈을 발견했다.

"여기 좀 보시게 들! 여기 동굴이 하나 있는 것 같네."

효경이 외쳤다.

"그렇다면 하룻밤 지내기에 안성맞춤이겠군. 오늘 밤은 편안하게 잘 수 있겠어."

그의 친구들이 대답했다.

동굴을 살펴보기 위해서 효경은 가시덤불을 헤치고 좁은 통로 사이를 미끄러져 들어가 산의 뱃속으로 들어갔다.

"이쪽으로 들어들 오시게. 입구가 좀 축축하긴 하지만 내부는 우리 넷이 있기에 적당히 널찍하군."

"자네 말이 맞아. 이곳이라면 편히 있을 수 있겠어."

효경을 뒤따라 들어오던 친구가 소리쳤다. 이리하여 네 남자는 동굴 안에서 머물게 되었다.

L'hiver touchait à sa fin, les réserves de viande vinrent à manquer, alors, Hogyeong et trois de ses amis décidèrent de partir à la chasse dans la montagne. Malgré plusieurs heures de marche, ils ne purent débusquer aucun gibier. La nuit commençait à tomber et ils étaient très loin de leur logis. Ils durent se rendre à l'évidence, il était trop tard pour prendre le chemin du retour et rentrer par les sentiers escarpés qu'ils avaient empruntés jusque là. En cherchant un espace où ils pourraient bivouaquer à l'abri du vent, Hogyeong découvrit une faille dans la roche.

"Regardez ! s'exclama Hogyeong. Il semble qu'il y ait une caverne."

"Si c'est le cas, ce serait un endroit idéal pour camper. Et nous pourrions y dormir tout à notre aise, dirent ses compagnons."

Hogyeong, en éclaireur, écarta les herbes broussailleuses, se glissa par l'étroit passage et pénétra dans le ventre de la montagne.

"Venez mes amis, l'entrée est un peu humide, mais la cavité intérieure est juste assez grande pour nous quatre."

C'est ainsi que les quatre hommes se retrouvèrent dans la caverne.

일행이 잠자리를 준비하고 있을 때 갑자기 밖에서 쩌렁쩌렁하게 으르렁거리는 소리가 들렸다.
"자네들 들었는가?"
사냥꾼 중 한 명이 물었다.
"그래, 정말 무시무시한 소리군. 저게 대체 뭐란 말인가?" 다른 한 명이 대답했다.
"밖에서 짐승 한 마리가 어슬렁거리는 소리 같은데!" 효경이 말했다.
"호랑이인 게 분명해!" 네 번째 남자가 소리 질렀다.
"만약 저 맹수가 동굴 안으로 들어온다면, 우리는 대항하지 못할 걸세.
우리 중 하나가 밖으로 나가 저 맹수와 싸워야 할 것이야."
효경이 말을 맺었다.

Ils se préparaient à dormir, lorsque tout à coup, un terrible grognement se fit entendre à l'extérieur.
"Vous avez entendu ? demanda l'un des chasseurs."
"Oui, c'est effrayant ! répondit un autre. Qu'est-ce que cela peut bien être ?"
"Je pense que c'est une bête qui rode dehors !" dit Hogyeong.
"C'est surement un tigre !" lança le quatrième homme.
"Si le fauve entre à l'intérieur de la grotte, nous ne pourrons pas nous défendre, il faut absolument que l'un de nous sorte et aille combattre la bête dehors", conclut Hogyeong.

그리하여 사내들은 모두를 위해 대표로 나갈 사람을 운명에 맡기기로 정했다.
각자 모자를 동굴의 입구로 던져, 호랑이가 무는 모자의 임자가 맹수를 물리치기로 했다.
"아이고! 호랑이가 내 모자를 집었구나!" 효경이 말했다.
"맞아, 자네 것이 분명해." 그의 친구 중 하나가 확인했다.
"좋아, 저 녀석과 맞서는 수 밖에." 효경이 한숨지었다.
일행은 효경을 격려하며 짐승을 잘 물리칠 수 있도록 제일 튼튼한 활과 화살을 주었다.
효경은 맹수와 맞서기 위해 용감하게 동굴 밖으로 나갔다.
그런데 막상 밖에 나갔을 때 그 어디에도 호랑이의 흔적을 찾을 수 없었다.
'호랑이가 어둠 속에 숨은 것이 분명해. 확실히 하기 위해서 주변을 좀 둘러봐야겠어.'
효경은 귀를 기울였지만 달빛 아래 올빼미 울음 소리만이 들릴 뿐이었다.

Alors les hommes décidèrent de laisser le destin choisir celui qui irait les défendre tous.
Ils lancèrent leur chapeau de paille vers l'entrée de la caverne,
celui que le tigre allait choisir, désignerait la personne qui irait le combattre.
"Aïgo* ! Le tigre a pris mon chapeau dans ses griffes", déclara Hogyeong.
"Oui, c'est bien le tien que le tigre a emporté", confirma l'un de ses amis.
"Bon, il ne me reste plus qu'à l'affronter", soupira Hogyeong.
Ses compagnons l'encouragèrent et, pour lui donner plus de chance contre la bête,
ils lui offrirent leur meilleur arc ainsi que leurs meilleures flèches.
Hogyeong sortit bravement de la caverne pour affronter le fauve.
Mais une fois dehors, Hogyeong ne trouva aucune trace du félin.
'Le tigre est peut-être tapi dans l'obscurité, se dit Hogyeong.
Je vais faire un tour dans les environs pour m'en assurer.'
Hogyeong tendit l'oreille, mais il n'entendit qu'une chouette
hululer dans le clair de lune.

그는 왼쪽으로 가보았지만 아무것도 찾을 수 없었다.
오른쪽도 둘러보았지만 잡목 사이로 호랑이의 그림자조차 보이지 않았다.
그 순간, 천둥소리가 온 산을 뒤흔들었다. 그는 재빨리 일행이 있는 곳으로 달려갔다.
그러나 동굴은 이미 무너진 뒤였다. 그의 친구들은 모두 죽고 말았다.
밤이 매우 깊었음에도 그는 이 비보를 전하기 위해 마을로 최대한 빨리 돌아가기로 했다.
그는 여러 번 길을 잃을 뻔 하였으나 그때마다 달빛이 이쪽 나무를, 저쪽 바위를 비춰 주며
그에게 길을 알려 주었다.
마침내 새벽이 되었을 때 그는 마을로 향하는 큰길에 다다를 수 있었다.
그는 그간에 있었던 일을 고하기 위해 곧장 사또가 있는 관아로 향했다.

Il alla à gauche, il ne trouva rien. Il chercha à droite, pas l'ombre d'un tigre dans les taillis.
Tout à coup, un roulement de tonnerre ébranla la montagne. Il courut vite rejoindre ses amis.
Trop tard, la caverne s'était effondrée : tous ses compagnons étaient morts.
Malgré l'obscurité de la nuit, il décida de revenir le plus vite possible au village pour annoncer le drame. Il pensa se perdre vingt fois, mais vingt fois la lune éclaira ici un arbre, là un rocher qui lui indiqua la direction à prendre.
Enfin, à l'aube, il arriva sur la grand-route qui menait au village.
Il se rendit directement chez le satto* où il expliqua tout ce qui s'était passé.

사또는 무너진 동굴을 수습하기 위해 마을의 모든 남자에게 산으로 가라고 명했다.
"네 일행 중 누군가 살아있을지 모를 일이다." 사또가 말했다.
그러나 돌무더기를 발견했을 때, 그들은 아무도 살아남지 못했다는 것을 인정해야만 했다.
"어째서 동굴이 무너진 걸까?" 사내들이 자문했다.
"산신령이 화가 난 것이 아닌가?" 사또가 걱정스레 말했다.
"그것을 알아내려면 굿을 해야 합니다. 그리고 산신령께 제를 지내야 합니다."
동행한 무당이 말했다.

Le satto ordonna à tous les hommes du village de se rendre dans la montagne pour tenter de déblayer l'éboulement.

"Qui sait ? dit-il, peut-être certains de tes compagnons sont encore en vie."

Mais quand sur place, tous découvrirent l'amas de roches entremêlées, ils durent se rendre à l'évidence : aucun n'avait survécu.

"Qu'est-ce qui a bien pu provoquer cet effondrement ? s'interrogèrent les hommes."

"L'esprit de notre montagne est sans doute en colère ? s'inquiéta le satto."

Pour le savoir, nous devrions faire un gut* et invoquer l'esprit de la montagne, proposa la mudang* qui les accompagnait.

마을사람 모두가 무당의 말을 따르기로 했다.
관아에는 제단이 세워지고 화려한 장식으로 꾸며져 오색 초롱으로 불을 밝혔다.
사람들은 제단에 온갖 과일과 떡, 쌀, 정화수를 놓고 그 가운데는 그날 잡은 돼지머리를 제물로 바쳤다.
무당은 부채를 펼치고 방울을 흔들며 큰 목소리로 산신령께 빌기 시작했다.
무당은 하늘을 향해 팔을 높이 쳐들었다 내렸다를 반복하며 다른 세 명이 연주하는 북, 징, 꽹과리 소리에 맞춰 옷을 펄럭이면서, 빙글빙글 돌고 춤을 추었다.
마을 사람들 역시 춤의 호흡에 맞추어 숨을 쉬는 듯했다.

C'est ce que tous les gens du village décidèrent. Dans la maison du satto, on dressa un autel, aux décorations éblouissantes et illuminé par des lanternes aux cinq couleurs. On y déposa une multitude d'offrandes dont des fruits, une assiette de tteok*, un bol de riz, un autre d'eau pure et, au centre, l'énorme tête d'un porc sacrifié le jour même.
La mudang fit claquer son éventail, fit tinter ses grelots, commença d'une voix forte à invoquer l'esprit de la montagne. Tour à tour, levant les bras au ciel, puis les baissant, elle ondoya, virevolta, tournoya au rythme d'un tambour, d'un gong et de cymbales joués par trois autres chamanes.
La foule des villageois semblait, elle aussi, respirer au rythme de la danse.

그 순간, 빛의 후광 속에서 태양처럼 빛나고, 달보다 아름다운 여왕의 자태를 한 여신이 나타났다.
"나는 너희에게 노한 것이 아니다. 지하수가 바위틈 사이로 스며들어 동굴이 무너졌을 뿐이니라.
효경이 그의 친구들과 동굴 속으로 들어갔을 때 나는 그것을 경고하려 했다.
나는 호랑이의 모습으로 나타나 겁을 줘 쫓으려 한 것이거늘 이는 되려 그들을 혼란에 빠뜨려 버렸구나.
사내들이 모자를 던져 그들의 운명을 결정하기로 하였기에 나는 그중에 한 명밖에 구할 수 없었다.
나는 맑은 심성을 가지고 내 가슴속, 산의 뱃속에 맨 처음 들어온 자, 가장 용감한 자의 모자를 선택한 것이니 그리 알라. 나는 그자에게 나의 영원한 사랑을 줄 것이다."
여신의 아름다움에 매료된 효경은 무릎을 꿇은 채 한마디도 할 수 없었다.

Tout à coup, dans un halo de lumière, sous l'apparence d'une reine aussi brillante que le soleil, plus belle que la lune, l'esprit de la montagne apparut.
"Nulle colère n'habite mon cœur, annonça la déesse. Dans la montagne, l'eau souterraine sourd dans les failles, s'infiltre entre les rochers. L'effondrement de cette caverne était inéluctable.
Lorsque j'ai vu Hogyeong y pénétrer avec ses compagnons, j'ai tenté de les prévenir.
Hélas, j'étais tigresse et la crainte, que je leur inspirais, a brouillé leurs pensées.
En lançant leur chapeau, ils scellaient leur destin et ne me permettaient que de sauver l'un d'entre eux. Je choisis le chapeau du plus valeureux d'entre eux, celui qui, le cœur pur, s'introduisit le premier en mon sein, dans le ventre de la montagne. Celui à qui je donnerais mon amour pour l'éternité." Hogyeong subjugué par la beauté de la déesse,
tomba à genoux et ne put prononcer aucune parole.

"효경, 나와 함께 하늘로 가지 않겠나? 그대를 향한 내 사랑 때문만이 아니네.
산을 보호하기 위해 나는 그대의 힘과 그대의 용기, 특히 그대의 선한 마음이 필요하네.
하늘에서의 삶은 땅에서의 삶보다 훨씬 더 멋질 것이야.
그대를 대지의 힘을 다스리는 신으로 만들어 줄 것이네."
여신이 말했다. 효경은 일어나 여신을 향해 두 손을 내밀었다. 그들은 두 손을 맞잡았고 효경은 힘찬 목소리로 대답하였다.
"그리하겠습니다!"
그리고 깜짝 놀란 사람들 앞에 회오리바람이 불더니 부부의 연을 맺은 연인은 그렇게 사라졌다.
마을 사람들은 효경의 동상을 만들어 그를 신처럼 모셨다.
뜻하지 않게 남편을 잃게 된 순이, 즉 효경의 부인은 홀로 남아 슬픔에 잠겼다.
그러나 그녀는 남편에 대한 정절을 지키기로 마음먹었다.
왜냐하면, 그녀가 사는 마을의 산을 효경이 지켜주는 것을 알고 있기 때문이었다.

"Hogyeong, voulez-vous m'accompagner au ciel, poursuivit la déesse.
Non seulement parce que je vous aime, mais j'ai besoin de votre force, de votre courage et surtout de votre bonté pour m'aider à protéger la montagne. Votre existence céleste sera bien meilleure que votre vie sur terre, je ferai de vous un dieu qui règnera sur les énergies telluriques."
Hogyeong se leva, tendit les bras vers la déesse. Ils unirent étroitement leurs mains et d'une voix claire et forte Hogyeong déclara :
"J'accepte !"
Puis, devant la foule médusée, dans un tourbillon de vent, le couple ainsi uni disparut.
Les gens du village érigèrent une statue pour honorer Hogyeong et le vénérèrent comme un dieu.
Suni, la femme de Hogyeong, resta seule et bien qu'elle fût triste d'avoir perdu son époux, elle ne lui en voulait pas. Elle décida même de rester fidèle à son mari car elle savait que désormais il protégeait la montagne où se trouvait leur village.

하늘에 살게 된 효경은 땅 위에 자신의 핏줄을 이을 아이를 낳지 못한 것이 후회되었다.
어느 날 밤 그는 순이의 꿈속으로 들어갔다. 그 꿈속에서 순이는 효경과 사랑을 나누었다.
이른 아침, 잠에서 깨었을 때 그녀는 아이를 잉태하고 있었다.
열 달이 지난 후에 아들을 낳았고 이름을 강충이라 지었다. 강충에 관한 것은 또 다른 이야기로 전해진다.

Quant à Hogyeong, de sa demeure céleste, il regrettait de n’avoir pas eu d’enfant pour perpétuer sa lignée sur terre. Aussi une nuit, il pénétra dans les songes de sa femme. Dans son sommeil, Suni rêva que Hogyeong s’unissait à elle.
Au petit matin, quand elle se réveilla, elle avait conçu un bébé. Dix mois plus tard*, Suni engendra un fils qu’elle nomma Kangchung*, mais ceci est déjà une autre histoire.

Tokkaebi (도깨비), ce sont des êtres appartenant au monde du petit peuple et autres créatures fantastiques. Ils ressemblent aux petits trolls d'Europe du Nord, aux kobolds des pays germaniques ou encore aux Korrigans de Bretagne. Tantôt bienveillants, tantôt malveillants, ils sont capables d'une grande générosité tout comme des pires vengeances. Ces personnages grimaçants sont souvent représentés sur les tuiles des temples et des bâtiments officiels pour chasser les mauvais esprits.

글

한국어 번역

강노을 Kang Noh-eul

프랑스어 번역

이샛별 Lee Seat-byul

안소진 Ahn So-jin

이예솔 Lee Yea-sol

그림

박해정 Park Hae-jeong

혹부리 영감

Les deux goitreux

옛날 옛적 어느 마을에 혹부리 영감 두 명이 살고 있었다. 영감들의 혹이 얼마나 컸던지, 얼굴이 일그러질 정도였다. 그 중 한 영감은 매우 가난한데다 혹이 있었음에도 늘 행복했다. 그는 너그럽고 인자하기로 소문이 자자 했다. 다른 혹부리 영감은 부자였지만 자신의 얼굴의 반을 차지하는 이 혹이 하필 자기 얼굴에 난 것에 대해 매일 저주를 퍼부었다. 게다가 그는 매우 인색했고, 늘 화가 나있는 탓에 사람들은 그를 욕심쟁이 혹부리 영감이라 불렀다.

A cette époque, les tigres fumaient encore la pipe. Dans un village, deux hommes avaient chacun un gros goitre qui leur pendait sous une joue. Ces goitres étaient si gros, qu'ils leur déformaient le visage. L'un de ces hommes était pauvre, mais heureux en dépit de cette déformation. Il était connu pour être un homme bon et doux. L'autre était riche, en revanche il maudissait chaque jour l'injustice d'avoir ce goitre qui lui gonflait la moitié du visage. De plus, il était avare et comme il se fâchait sans cesse, tout le monde l'appelait « le mauvais goitreux. »

착한 혹부리 영감은 매일매일 나무를 하기 위해 짐을 짊어지고 온 산을 누비고 다녔다. 그러던 어느 날 그가 평소보다 멀리 나무를 하러 가는 바람에 나무하기가 채 끝나기도 전에 해가 저물어버렸다. 집으로 돌아가기에 너무 늦어 버렸고, 달도 뜨지 않은 밤이라 사방이 칠흑같이 어두웠다. 그래서 착한 혹부리 영감은 다시 길을 찾아갈 수가 없었다. 바로 그때 그는 버려진 초가집을 발견하였다. 그 초가집은 매우 음산하였다. 그는 너무나 무서웠지만 다른 뾰족한 수가 없는 관계로 짐을 내려놓고 잠을 청하기로 마음먹었다. 혹부리 영감은 초가집에 혼자 있자 적적하기 그지 없었다. 바람은 문과 창문을 긁어댔고 밤이라 그런지 들보와 바닥이 삐거덕 대는 소리가 더 잘 들렸다. 두려움을 떨치고자 혹부리 영감은 노래를 흥얼거리기 시작했다.

Chaque jour, le bon goitreux endossait son fardeau et parcourait la montagne pour y couper du bois. Un jour, alors qu'il s'était aventuré plus loin que d'habitude, le coucher du soleil le surprit avant qu'il n'ait fini son travail. Il était trop tard pour rentrer chez lui, la nuit sans lune promettait d'être très sombre. Il ne pourrait donc pas retrouver son chemin. C'est alors qu'il vit une vieille chaumière abandonnée. Cette maison était vraiment lugubre. Il frissonna de peur mais, comme il n'avait pas le choix, il décida de poser son fardeau dans cette chaumière et d'y dormir. Le bon goitreux se sentait bien seul dans cette vieille bâtisse qui tombait presque en ruines. Le vent faisait grincer portes et fenêtres, la nuit faisait craquer poutres et planchers. Alors pour tromper son inquiétude, il se mit à fredonner

영감이 노래를 부르는데 갑자기 '딱!' 하는 소리가 들렸다.
뒤를 돌아보니 무시무시한 도깨비가 있는 것이 아닌가?
"뉘시오? 나에게 바라는 것이 무엇이오?"
혹부리 영감이 소리쳤다. 그는 이 무시무시한 도깨비들이 너무나 두려웠다.
"우리는 도깨비들이다." 그들이 위협적으로 말했다.
"영감의 노래를 듣고 찾아왔지.
정말 구성진 노래 가락 이구먼. 어디서 이런 노래가 나오는 거요?"
"내 노래는 그러니까……"
두려움에 떨고 있던 혹부리 영감은 뭐라 대답해야 할지 알 수 없었다.
"내 노래는 말이요, 이 혹에서 나오는 거요."
다른 대답을 찾을 수 없었던 영감은 이렇게 대답했다.
"영감 혹에서 나온다고? 영감 혹에서?" 어리둥절해 진 도깨비들이 되물었다.
"이 노래가 영감 혹에서 나온다고? 이봐 영감, 영감에게 제안을 하나 하지. 그 혹이랑 보물을 바꾸지 않겠소?" 그 말을 증명이나 하듯이,
도깨비 하나가 등 뒤에서 금은보화로 가득 찬 자루 하나를 꺼내 보였다.
혹부리 영감은 혹을 보물과 바꾸기로 했다.

Tout à coup, pendant qu'il chantait, CRAC ! Un craquement se produisit. Il se retourna et se trouva face à d'affreux tokkaebi*.

"Qui êtes-vous ? s'exclama l'homme. Que me voulez vous ?"

Il avait très peur car ces créatures diaboliques étaient effrayantes.

"Nous sommes des tokkaebi, dirent-ils menaçants. Nous sommes venus parce que nous avons entendu ta chanson. C'est une bien jolie chanson. Peux-tu nous dire où tu as trouvé cette chanson ?"

"Ma chanson… Ma chanson, bredouilla le bon goitreux, ne sachant quoi répondre tant il tremblait de peur. Ma chanson vient de mon goitre, finit-il quand même par dire, faute de trouver une autre explication."

"De ton goitre ? De ton goitre ? Répétèrent les tokkaebi interloqués. Cette chanson est venue de ton goitre ? Ecoute, nous avons une proposition à te faire : serais-tu prêt à échanger ton goitre contre un trésor ?"

Alliant le geste à la parole, un des tokkaebi sortit de derrière son dos un gros sac plein de pierres précieuses et de pièces d'or. L'homme bon accepta l'échange.

딱! 하는 소리가 나더니 도깨비들이 바닥에 자루를 놓아두는 동시에 영감의 혹이 사라졌다.
자루 속에는 평생을 살아도 얻지 못할 금은보화가 담겨 있었다.
이 보물로 온 마을을 먹여 살릴 수 있을 정도였다.
날이 밝자마자 혹부리 영감은 자루를 들쳐 매고 서둘러 마을로 돌아갔다.
이 소식을 들은 욕심쟁이 혹부리 영감은 몹시 질투가 났다.
그는 오래 전부터 자신의 혹을 떼어 버리고 싶었기 때문이다.
한편 마음속으로는, 착한 혹부리 영감이 순진해서 제대로 흥정을 하지 못했다고 생각하였다.
그가 좀 약삭빨랐다면, 혹을 더 비싼 값에 팔 수 있었을 터였다.

CRAC ! Son goitre disparut en même temps que les tokkaebi qui laissèrent le sac sur le sol. Il y découvrit bien plus d'or qu'un seul homme ne pouvait en gagner toute sa vie. Il allait pouvoir aider tout son village avec ce trésor-là.
Dès l'aube, il chargea le sac sur son dos, et sans plus attendre s'en retourna dans son village. Quand le mauvais goitreux apprit la nouvelle, il en fut vert de jalousie, lui qui voulait depuis longtemps se débarrasser de son goitre. Mais en son for intérieur, il pensait que l'homme bon n'était qu'un pauvre naïf qui ne savait pas marchander. Il aurait pu vendre son goitre, bien plus cher, s'il avait été un peu plus habile.

욕심쟁이 혹부리 영감은 벌써 큰 보물을 얻은 자신의 모습을 상상했다. 그래서 그는 산속의 초가집을 찾아가기로 마음먹었다. 그 음산한 초가집에 도착하자마자, 욕심쟁이 영감은 '도깨비' 라는 노래를 부르기 시작했다. 그러자 딱! 하는 소리가 그의 뒤에서 들려왔다.
영감이 뒤를 돌아보니, 무시무시한 도깨비들이 서있었다. 도깨비들은 정말로 무시무시했지만, 욕심쟁이 혹부리 영감은 도깨비들이 자신에게 말을 걸기도 전에 대뜸 다음과 같이 말했다.
"이 구성진 노래는 내 혹에서 나온다오. 원한다면 보물과 이 혹을 바꿔 드리리다."

Le mauvais goitreux s'imaginait déjà possédant un trésor bien plus grand. Aussi, il décida d'aller à son tour dans la maison abandonnée de la montagne. Dès qu'il fut à l'intérieur de la sinistre chaumière, il commença à chanter une chanson qui s'appelait justement le « tokkaebi ». Et CRAC ! Un craquement se produisit derrière lui. Il se retourna, c'étaient les affreux tokkaebi. Ils étaient vraiment effrayants, mais avant même qu'ils ne parlent, le mauvais goitreux dit tout de go :
"Cette jolie chanson vient de mon goitre, si vous la voulez, je peux l'échanger contre un trésor."

"이런 거짓말쟁이 같으니! 혹 안에는 노래가 없어! 이놈 혼 줄을 내 주겠다!
어제 산 이 혹이나 붙이고 가거라!"
딱! 새 혹이 다른 한쪽 볼에 철썩 붙고 도깨비들은 흔적도 없이 사라졌다.
혹을 두 개 붙이고 마을로 돌아온 욕심쟁이 영감은 자신이 얼마나 어리석었는지
눈물을 흘리며 반성했고, 앞으로는 착하게 살겠다고 마음먹었다.

"Tu n'es qu'un menteur. Il n'y a pas de chanson dans les goitres.
Tiens, pour te punir nous te donnons celui que nous avons acheté hier."
CRAC ! Un nouveau goitre apparut sur l'autre joue en même temps que disparaissaient les tokkaebi.
Penaud, l'homme mauvais aux deux goitres rentra au village, pleurant ô combien il avait été bête et jura que désormais, il ne ferait que le bien autour de lui.

Aïgo (아이고) est dans la langue coréenne, une interjection de surprise ou de dépit.

Tokkaebi (도깨비), ce sont des êtres appartenant au monde du petit peuple et autres créatures fantastiques. Ils ressemblent aux petits trolls d'Europe du Nord, aux kobolds des pays germaniques ou encore aux Korrigans de Bretagne. Tantôt bienveillants, tantôt malveillants, ils sont capables d'une grande générosité tout comme des pires vengeances. Ces personnages grimaçants sont souvent représentés sur les tuiles des temples et des bâtiments officiels pour chasser les mauvais esprits.

Seonnyeo (선녀) sont des créatures célestes que l'on pourrait apparenter à ce que nous appelons « fées » et que les coréens traduisent aussi par « anges ».

Tteok (떡) est un petit gâteau fait avec de la farine de riz.

글
한국어 번역
강노을 Kang Noh-eul
프랑스어 번역
문수홍 Moon Suu-hong
방지원 Bang Ji-won
민정희 Min Jeong-hee

그림
김송현 Kim Song-hyun

흥부와 놀부
Heungbu et Nolbu

아득히 먼 옛날 어느 마을에 한 형제가 살고 있었다. 형의 이름은
놀부로 그는 매우 인색하고 성미가 고약했다.
그의 동생은 흥부로 마음씨가 착해 모두에게 친절을 베풀었다.
놀부는 부자였기에 멋진 기와집에 살았고 흥부는 가난했기 때문에
다 쓰러져가는 초가집에 살았다.
그렇지만 놀부는 한 번도 동생을 도와준 적이 없었다.
그래서 흥부는 늘 가난했다. 그럼에도 형은 동생이 조금이라도
벌어온 것을 그에게 주지 않으면 동생을 못살게 굴었다.
놀부는 맏형이었고, 흥부는 그의 뜻에 따라야만 했다.
착한 흥부는 매번 자신이 번 것을 모두 형에게 주었다.
가끔 먹을 것이 충분치 않을 때 흥부는 놀부의 아내에게
밥을 구걸하러 갔다. 그럴 때마다 놀부의 아내는 소리를 질렀다.
"안돼! 우리도 먹을게 하나도 없다고!
꼴도 보기 싫으니 어서 네 집으로 썩 꺼지거라!"
그리고 그녀는 주걱을 휘두르며 흥부를 내쫓았다.

Au temps où les tigres fumaient la pipe, deux frères vivaient dans un village. L'aîné s'appelait Nolbu, il était avare et d'humeur acariâtre. Son cadet s'appelait Heungbu, il était aimable et si gentil qu'il rendait service à tout le monde. Nolbu habitait une très belle maison couverte de tuiles, car il était riche, mais Heungbu n'avait qu'une misérable chaumière. Et bien que Nolbu fut riche, jamais il n'aidait son cadet, aussi Heungbu était toujours sans le sou.

Malgré cela, l'aîné menaçait toujours son cadet de le battre, si ce dernier ne lui donnait pas le peu qu'il gagnait.

Après tout, Nolbu était l'aîné, son petit frère lui devait bien ça ! Chaque fois, le bon Heungbu acquiesçait et lui offrait tout ce qu'il gagnait. De temps en temps, lorsque Heungbu n'avait pas assez à manger, il allait mendier un peu de riz auprès de la femme de Nolbu.

Mais à chaque fois, elle criait :

"Non ! On n'a rien ! Je ne veux plus voir ton visage !

Sors de notre maison et rentre chez toi immédiatement !"

Et pour finir, elle le chassait à grands coups de cuillère en bois.

어느 날, 홍부는 뱀에 물려 다친 제비를 발견하여 데려왔다.
여름 내내 홍부는 상처 입은 제비를 극진히 보살펴 주었다.
그리고 가을의 문턱에서 따뜻한 나라로 갈수 있도록 제비를 놓아주었다.
이듬해 봄이 되었을 때 홍부는 제비가 다시 돌아온 것을 보고 놀라지 않을 수 없었다.
제비는 누추한 초가집 위를 빙빙 돌더니 이윽고 지붕 위에 박씨 하나를 떨어뜨렸다.
"이게 뭐지? 아! 박씨로구나! 날 위해 선물을 가져다준 게로구나. 고맙다 제비야!
먹을 게 거의 없으니 이 박씨를 소중히 잘 키워야겠다. 박이 자라 익으면 배불리 먹을 수 있을 거야."
박씨는 홍부네 지붕에서 싹을 틔워 다섯 송이 꽃을 피웠다. 시간이 지나니 박 다섯 통이 열렸다.
처음에 박들은 다른 평범한 박들처럼 자그마했으나 나날이 커지더니 마침내 거대해졌다.
"박이 다 익은 것 같아요! 오늘 당장 먹을 수 있겠어요."
어느날 아침 홍부의 아내가 소리쳤다.
"그러게 잘 익은 것 같구려. 이 멋진 선물을 가져다준 제비에게 감사합시다."
홍부가 말했다.

Un jour, Heungbu découvrit une hirondelle blessée par un serpent.
Il recueillit l'oiseau. Durant tout l'été, il soigna du mieux qu'il put la vilaine blessure.
Puis, libéra l'hirondelle au début de l'automne juste avant son grand voyage vers les pays chauds.
Au printemps suivant, Heungbu eut la surprise de revoir l'hirondelle.
Elle tourna au dessus de la pauvre chaumière et laissa tomber sur le toit une graine de courge.
"Qu'est-ce que c'est ? se demanda Heungbu. Ah c'est une graine de courge !
C'est peut-être un cadeau pour moi.
Merci beaucoup ! lança-t-il à l'hirondelle,
on va bien prendre soin de cette graine parce qu'on n'a presque plus rien à manger.
Lorsque les courges seront mûres, nous n'aurons plus faim."
La graine germa sur le toit de la maison de Heungbu et donna cinq fleurs. Au bout de quelques temps, cinq courges apparurent. Tout d'abord, elles étaient petites et menues comme toutes les courges.
Mais de jour en jour, elles grossirent, enflèrent et, finalement devinrent énormes.
"Ces courges sont mûres ! s'exclama un matin la femme de Heungbu,
on peut les manger dès aujourd'hui."
"Oui, je pense qu'elles sont bonnes, estima Heungbu,
on peut remercier l'hirondelle de ce magnifique cadeau."

"아이고, 근데 이 박들을 어떻게 타지요? 너무 큰데."
아내가 물었다.
"큰 톱을 씁시다. 우리 둘이서 힘을 합하면 박을 탈 수 있을 게요."
흥부 말대로 박들은 너무 크고 껍질이 단단하여 부부는 박을 타기 위해 온 힘을 다해야 했다.
그러나 이 커다란 박으로 요리해 먹을 생각에 그들은 절로 흥이 났다.
마침내 첫 번째 박이 열렸을 때 기름진 쌀이 그들의 발치에까지 쏟아져 나왔다.
부부는 커다란 독에다가 쌀을 가득 채웠지만 박 속은 여전히 쌀로 가득 차 있었다.
쌀은 부부가 퍼낸 만큼 또 생겨났다.
"이제 배 곯을 일은 없겠구나!"
흥부가 소리쳤다.
부부가 두 번째 박을 갈랐을 때 마치 요술처럼, 우아한 자태를 한 선녀들이 나타났다.
선녀들은 팔 한 가득 떡과 맛있는 음식이 담긴 광주리를 안고 있었고 이내 그것들을
부부의 발치에 내려놓았다. 흥부와 아내는 그 아름다운 광경에 할말을 잃었다.

"Aïgo* ! Comment va-t-on faire pour couper ces courges ? demanda la femme. Elles sont bien trop grosses."

"Utilisons la grande scie pour les couper, répondit Heungbu, on ne sera pas trop de deux pour en venir à bout."

Heungbu disait vrai, les courges étaient si grosses et leur peau si dure qu'il leur fallut toutes leurs forces pour en arriver à bout.

Mais, rien qu'à l'idée des bons plats qu'ils allaient cuisiner avec ces énormes courges, ils étaient heureux.

Quand enfin, le premier légume s'ouvrit, une rivière d'un bon riz bien rond et luisant bruissa à leurs pieds.

Le couple en rempli la grande jarre de la réserve, mais la courge en était toujours aussi pleine.

Il en apparaissait toujours autant qu'ils en enlevaient.

"Nous n'aurons plus jamais faim !" s'écria Heungbu.

Ils coupèrent la seconde courge, et comme par enchantement, ce sont des seonnyeo* qui en sortirent gracieusement.

Les fées portaient dans leur bras de pleins paniers de gâteaux de riz et une multitude d'autres délices qu'elles déposèrent aux pieds du couple.

Heungbu et sa femme en restèrent sans voix tant le spectacle était beau.

세 번째 박에서는 영롱하게 반짝이는 옷감과 비단을 든 재봉사들이 나왔다.
순식간에 부부는 새 옷으로 단장하고, 마당에는 사시사철 입을 옷이 담긴 함들로 가득 찼다.
"이제 더 이상 겨울이 춥지 않겠구려!" 홍부가 노래하듯 말했다.
네 번째 박 안에서는 한 무리의 석공들이 나왔다. 그들은 손수레를 밀고, 채롱을 지고 삽과 곡 괭이, 망치를 든 채 돌연 나타났다. 그들은 순식간에 번쩍이는 기와로 크고 멋진 기와집을 지었다.
"이제 더 이상 비가 세지 않겠어!" 홍부가 웃으며 말했다.
마침내 다섯 번째 박을 탔을 때 금은보화가 넘쳐흘렀다. 진귀한 보물들이 그들 주위에 쏟아져 나왔다.
"이제 우리는 부자가 되었구려!" 홍부가 기쁨의 눈물을 흘리며 말했다.

De la troisième courge, sautèrent couturiers et couturières chargés de soieries et d'étoffes chatoyantes. En un rien de temps, le couple fut habillé de neuf et des coffres de vêtements pour toutes les saisons s'empilèrent dans la cour.

"Nous n'aurons plus froid l'hiver!" chanta Heungbu.

La quatrième courge s'ouvrit sur une troupe de maçons. Ils jaillirent, poussant brouettes, hottes sur le dos, armés de pelles, de pioches et de marteaux.

En moins de temps qu'il n'en faut pour le dire, ils avaient construit une belle et grande demeure aux tuiles vernissées.

"La pluie ne coulera plus dans notre maison !" dit Heungbu en riant.

Enfin, quand ils coupèrent la cinquième courge, des pièces d'or et des pierres précieuses en ruisselèrent.

Un véritable trésor roula tout autour d'eux. Nous sommes devenus riches ! pleura de joie Heungbu.

착하고 너그러웠던 홍부는 곧장 금과 돈을 좋아하는 놀부가 생각났다.
그래서 홍부는 보석과 금을 한 가득 채워 형에게 보냈다.
놀부는 이를 수상히 여겨 곧바로 홍부를 의심하기 시작했다.
"홍부 네 이놈! 어서 진실을 고해라. 대체 이 보물들이 어디서 난 게냐? 누구에게서 훔쳤느냐?"
"훔치지 않았습니다 형님!"
홍부가 대답했다.
그리하여 홍부는 형에게 사건의 전말을 이야기해 주었다. 제비를 구해주고 치료해 주었더니 제비가 이듬해 봄에 돌아와 지붕 위에 박씨를 떨어뜨려준 것과 그 박씨가 싹을 틔워 커다란 박 다섯 통이 열렸다는 이야기를 소상히 해 주었다.
"박이 어찌나 크게 열렸던지, 커다란 톱으로 타야 했답니다."

Comme Heungbu était bon et généreux, il pensa tout de suite à son frère Nolbu qui aimait tellement l'or et l'argent. Aussi, il remplit une pleine bourse de pierres précieuses et d'or pour l'offrir à son aîné. Ce dernier n'en revenait pas et soupçonna tout de suite un mauvais coup.

"Dis-moi la vérité Heungbu ! D'où vient ce trésor ? D'où sort-il vraiment ? A qui l'as-tu volé ?"

"Je ne l'ai pas volé !" répondit Heungbu.

Et il raconta toute l'histoire à son frère. Comment il avait recueilli et soigné l'hirondelle ;
comment elle était revenue au printemps suivant ; comment elle avait laissé tomber,
sur le toit de leur chaumière, une graine de courge ;
comment celle-ci avait germé pour donner cinq courges qui avaient grossi,
enflé et finalement étaient devenues énormes.

"Les courges étaient si grosses, expliqua Heungbu qu'il a fallu utiliser la grande scie pour les couper."

놀부의 마음은 욕망과 시기로 가득 찼다.
그래서 어느 봄날 놀부는 제비 한 마리를 붙잡아 다리 하나를 부러뜨려 치료해 주었다.
그러면 제비가 그에게도 마법의 박씨를 가져다줄 것이 분명했다.
가을이 되어 제비를 놓아줄 때 놀부는 다음과 같이 말했다.
"잊지 말아라! 난 내 동생보다 더 큰 부자가 되고 싶어! 나에게 박씨를 하나 가져다 다오, 아주 실한 놈으로 말이다. 네 녀석이 나한테 해줄 것은 그것뿐이야."
그리고 놀부는 겨울이 끝나기를 초조하게 기다렸다.
봄이 되자 제비가 돌아와 으리으리한 기와집 위를 돌더니 박씨 하나를 떨어뜨렸다.
"왜 이렇게 늦은 게냐!"
놀부는 고마워하기는커녕 되려 소리를 질렀다.

L’envie et la jalousie rongeaient le cœur de Nolbu. Alors, un jour de printemps, il attrapa une hirondelle, lui cassa une patte pour pouvoir la soigner. Pour sûr, elle lui ramènerait une graine de courge magique. A l’automne suivant, quand il la libéra, il lui dit :

“Ne m’oublie pas ! Je veux devenir plus riche que mon frère. Rapporte-moi une graine ! De la bonne graine de courge. C’est la seule chose que j’attends de toi.”

Puis il attendit impatiemment jusqu’à la fin de l’hiver.

Quand le printemps arriva, l’hirondelle revint, tourna au dessus de la belle maison couverte de tuiles et laissa tomber une graine de courge.

“Ce n’est pas trop tôt !” lança Nolbu en guise de remerciement.

박씨는 놀부의 지붕 위에 싹을 틔우고 꽃을 다섯 송이 피웠다.
그리고 놀부는 더욱더 초조하게 박 다섯 통이 자라나기를 기다렸다.
얼마간 시간이 흐르고 흥부에게 일어났던 일이 놀부에게도 일어났다.
박은 점점 자라나 마침내 거대해졌다. 놀부는 박속에 감춰진 보물을
찾기 위해 매일매일 박을 타고 싶은 마음이 굴뚝같았지만,
자신의 박이 흥부의 박보다 더 커지기를 기다렸다.
놀부와 그의 아내는 박들이 충분히 잘 익을 때까지 기다렸다.
박들이 저 스스로 갈라질 정도로 커졌을 때가 되어서야 그들은 박을
타기 위해 커다란 톱을 가지러 갔다. 부부는 이 박 안에 흥부의 것보다
더 엄청난 보물이 들어있을 것이라 믿어 의심치 않았다.
부부는 첫 번째 박을 타기 시작했다.
껍질은 매우 두꺼웠지만 결국 쩍 하고 갈라졌다.
"아이고 냄새야!" 놀부가 소리쳤다.
오물이 가득 찬 진흙들이 마당 한가득 흘러나왔다.
"다음 것을 타봅시다."

La graine germa sur le toit de Nolbu et donna cinq fleurs.
Puis, il attendit avec plus d'impatience encore que les cinq courges grossissent.
Au bout d'un certain temps, ce qui était arrivé à son frère arriva.
Les courges grossirent, enflèrent et, finalement devinrent énormes.
Chaque jour, Nolbu voulait les couper pour découvrir les trésors qu'elles cachaient.
Mais, il désirait plus fort encore, qu'elles soient plus grosses que celles de son cadet.
Alors, Nolbu et son épouse attendirent qu'elles soient vraiment bien mûres.
Ce n'est que lorsqu'elles parurent sur le point d'éclater d'elles-mêmes,
qu'ils allèrent chercher la grande scie pour les couper. Pour sûr ces courges devaient
contenir des trésors encore plus fabuleux que ceux de Heungbu.
Ils commencèrent à couper le premier légume.
La peau en était bien dure, mais à la fin, elle finit par s'ouvrir.
"Aïgo, ça pue !" cria Nolbu.
Une boue nauséabonde pleine d'excréments avait ruisselé partout dans la cour.
"Voyons voir la suivante."

부부는 두 번째 박을 열었다.
그러자 시궁쥐와 벌레들이 우글거리며 박에서 나와
여기저기 돌아다니며 모아두었던 쌀과 음식들을 모두 가지고 사라졌다.
"아이고, 이제 먹을 것이 하나도 없구나! 다음 박에는 보물이 꼭 있어야 할 텐데."
놀부가 탄식했다.
세 번째 박에서는 거지 한 무리가 나와 순식간에 놀부와 아내의 옷을 들고 사라져버렸다.
"아이고 이제 입을 것이 하나도 없구나!" 놀부가 신음하였다.
"그렇지만 다음 박에는 분명히 보물이 있을 것이야."
네 번째 박이 열리자 도적 떼가 나왔다. 그들은 눈 깜짝할 사이에
놀부와 아내의 돈과 재산을 훔쳐가 버렸다.
"아이고, 이제 무일푼이 되었구나! 그래도 마지막 박이 남아있어." 놀부가 눈물을 흘렸다.
그들은 마침내 다섯 번째 박을 탔다. 그러자 도깨비 때가 우르르 몰려나왔다.
이 요괴들은 울부짖으며 뛰어 나와 집에 불을 지르고 놀부와 그의 아내를
몽둥이와 채찍으로 마구 때렸다. 이 불쌍한 부부는 흥부네 집으로 도망칠 수밖에 없었다.

Ils coupèrent la deuxième courge. Une marée de rats et d'insectes grouillants en sortirent,
ils se faufilèrent partout emportant avec eux les réserves de riz et tout ce qui pouvait se manger.
"Aïgo, nous n'avons plus rien à manger ! se lamenta Nolbu. Le trésor doit-être dans la suivante."
Dans la troisième courge, une bande de mendiants en sautèrent et en un rien de temps,
ils partirent avec tous les vêtements de Nolbu et de sa femme.
"Aïgo, nous n'avons plus rien à nous mettre ! gémit Nolbu.
Le trésor est sûrement dans la suivante."
La quatrième courge s'ouvrit sur une troupe de voleurs.
En moins de temps qu'il n'en faut pour le dire,
ils s'emparèrent de tout l'argent et de toutes les richesses de Nolbu et de sa femme.
"Aïgo, nous voilà pauvres ! pleura Nolbu. Il nous reste encore la dernière."
Enfin ils coupèrent la cinquième courge. Mais elle s'ouvrit sur une horde d'affreux tokkaebi*.
Les créatures diaboliques sautèrent en hurlant, mirent le feu à la maison,
et battirent copieusement Nolbu et sa femme à coup de triques et de fouets.
Le pauvre couple n'eut d'autres solutions que de fuir et de se réfugier chez Heungbu.

"사람 살려! 사람 살려!" 놀부는 흥부의 멋진 대문을 두드리며 소리쳤다.

"제발 문을 열어주시게!" 놀부가 애원했다.

문이 열렸을 때, 놀부는 동생의 발치에 무릎 꿇었다. 그는 뜨거운 눈물을 철철 흘렸다.

"도깨비들이 우리를 덮쳤다네, 한 푼도 남기지 않고 빈털터리가 되어 버렸어."

"저도 죄송해요." 놀부의 아내도 울며 말했다.

"저희를 용서해 주세요. 지금부터 서방님댁을 위해 뭐든지 하겠습니다." 가여운 여인이 약속했다.

"아닙니다, 그러실 필요 없습니다. 형님네는 모든 재산을 잃으셨잖습니까.
저희는 부자가 되었어요. 형제 좋다는 게 뭡니까, 기꺼이 도와드리겠습니다."
흥부가 동정하며 말했다.

두 형제는 서로 얼싸안았다. 놀부는 그간의 잘못을 뉘우쳤고 흥부는 모든 것을 용서했다.

이날 이후로 흥부와 놀부는 사이 좋은 형제가 되어 오래도록 행복하게 살았다.

“Au secours ! Au secours ! criait Nolbu en tambourinant sur la porte de la jolie maison de Heungbu.
Par pitié, ouvre-nous ta porte ! implora-t-il.”
Dès que la porte s’ouvrit, Nolbu tomba à genoux au pied de son cadet.
Il pleurait à chaudes larmes :
“Des tokkaebi nous ont attaqués, nous avons tout perdu, je n’ai plus rien.”
“Moi aussi, je suis vraiment désolée” hoqueta la femme de Nolbu entre deux sanglots.
“Pouvez-vous nous pardonner ? A partir de maintenant je ferai tout pour vous !”
promis la pauvre femme.
“Non ! Ce n’est pas la peine, répondit Heungbu qui compatissait. Vous avez tout perdu.
Nous, nous sommes riches. Mais, nous sommes frères. Alors, je vous aiderai.”
Les deux frères tombèrent dans les bras l’un de l’autre. Nolbu regrettait ses erreurs.
Heungbu pardonna tout.
Depuis ce jour, Heungbu et Nolbu devinrent de bons frères et ils vécurent ainsi dans le bonheur
de nombreuses années.

Aïgo (아이고) est dans la langue coréenne, une interjection de surprise ou de dépit.

Hanbok (한복) est le nom de l'habit traditionnel des coréens.

Makgeolli (막걸리) : alcool de riz traditionnel très populaire en Corée obtenu par fermentation.

Maru (마루) est dans l'habitat traditionnel coréen, une terrasse en bois qui fait transition entre l'intérieur et l'extérieur de la maision.
C'est un espace de convivialité.

Okhwang-sangjai (옥황상제) est considéré comme le roi des cieux. Son origine vient du taoïsme. La signification de « Okhwang » est empereur de jade,
celle de « sangjai » renvoie à l'idée de dieu.

San-shinlyeong (산신령) est une figure légendaire des croyances ancestrales de Corée, bien avant que le bouddhisme y fasse son entrée.

Yangban (양반) est une personne appartenant à la noblesse coréenne.

글

한국어 번역

강노을 Kang Noh-eul

프랑스어 번역

이윤민 Lee Youn-min

유선영 You Sun-young

임다솜 Lim Da-som

그림

박상은 Park Sang-eun

부채

Les deux éventails

아주 아주 까마득한 옛날에 일은 안하고 잠만 자기 좋아하는 게으른 나무꾼이 있었다.
그런 그였지만 매일 산신령에게 기도를 하러 가는 것만은 거르지 않았다.
그는 매일 아침 초가집 근처에 있는 신성한 바위 앞으로 가 무릎을 꿇고 절을 올렸다.
그는 산신령에게 일하지 않고도 호사를 누리며 살게 해 달라고 간절히 빌었다.
어느 날 아침, 나무꾼은 바위 아래에서 부채 두 개를 발견했다. 하나는 파란색이고,
다른 하나는 빨간색이었다. 언제 어디에서 생겨난 부채인지 알 수 없었지만
나무꾼은 일단 부채를 소매 안에 넣고 발길을 재촉했다.

Il y a très longtemps, dans ces temps anciens où les tigres fumaient encore leur pipe, un bûcheron était si paresseux qu'il dormait toujours sur son travail. Cependant, il ne se passait pas un jour sans qu'il aille faire ses dévotions à San-shinlyeong*, l'esprit de la montagne. Tous les matins, il allait se prosterner au pied de l'imposant rocher qui se dressait à quelques pas de sa chaumière. Il espérait que l'esprit de la montagne exhausserait son vœu le plus cher : pouvoir vivre dans l'opulence sans avoir à travailler !
Un matin, le bûcheron découvrit au pied du rocher, deux éventails.
L'un était bleu, et l'autre était rouge. Tout en se demandant par quel mystère ces deux éventails avaient pu se retrouver ici, il les fourra prestement dans la manche de son hanbok* et continua son chemin.

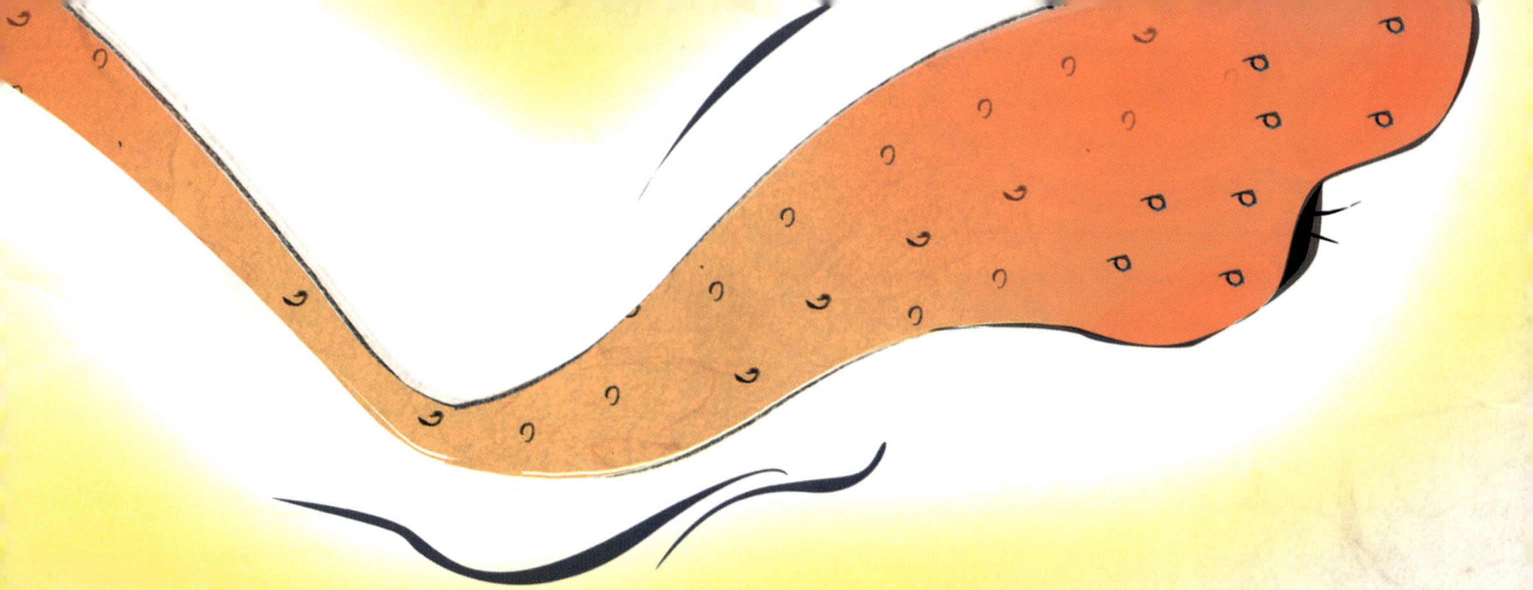

잠시 후 나무꾼은 나무 한 짐을 채 다 하기도 전에 피로를 느끼기 시작했다. 게다가 일하기에는 너무 더운 날씨였다. 결국 풀밭 위에 벌러덩 누운 그는 빨간 부채를 꺼내 느긋하게 부치기 시작했다.
그 순간, 갑자기 그의 코가 쭉쭉 길어지기 시작했다. 그가 부채를 부치면 부칠수록,
그의 코도 점점 길어졌다. 코가 얼마나 길어졌는지 도끼 자루처럼 두 손으로 잡을 수 있을 정도였다.
그는 빨간 부채를 다시 소매 안에 넣고 길어진 코를 만지며 근심에 빠졌다.
"아이고! 이 우스꽝스런 코를 어찌 한담?"
너무나 당황한 탓에 나무꾼의 얼굴은 벌겋게 달아오르기 시작했다.

Un peu plus tard, alors qu'il n'avait pas fini son premier fagot, il se sentait déjà fatigué. Décidément, il faisait trop chaud pour travailler. Alors, le paresseux s'installa confortablement sur un lit de mousse, sortit l'éventail rouge de sa manche et commença à s'éventer plein d'aise. Tout à coup son nez s'allongea, s'allongea, s'allongea, plus il s'éventait, plus son nez s'allongeait. Il devint si long qu'il pouvait le saisir dans ses deux mains tout comme le manche de sa hache. Il rangea l'éventail rouge dans la manche de son hanbok et se demanda tout en tripotant son nez :
"Aïgo*! Qu'est-ce que je vais faire de ce grand nez ridicule ?"
Il en avait si honte, que les joues commencèrent à le chauffer.

그래서 열을 좀 식힐 생각으로 소매 안에서 아무 부채나 꺼낸 다음 다시 부채질을 시작했다.
이번에는 파란색 부채였다. 그런데 신기하게도 부채를 부치면 부칠수록,
코가 점점 줄어들더니 원래의 길이로 되돌아왔다.
"아이고, 이게 뭔 일이람! 이거 정말 요상한 부채구만!"
나무꾼이 소리쳤다.
신기한 부채를 얻게 된 나무꾼은 기뻐 어쩔 줄 몰랐다. 지독히도 게으른 그의 머리 속에 곧 얄팍한 수가 떠올랐다. 이 부채를 가지고 있으면 일을 하지 않고도 많은 돈을 벌 수 있을 것 같았다.

Alors il sortit un des deux éventails de sa manche, cette fois c'était le bleu, et commença à s'éventer pour se rafraîchir. Bizarrement son nez rapetissa, rapetissa, rapetissa pour reprendre sa taille d'origine.
"Aïgo ! Ça, c'est une surprise ! s'exclama le bûcheron. Ces éventails sont magiques !"
Le était joyeux d'avoir trouvé ces deux curieux éventails. Et très vite, comme il était paresseux, une mauvaise idée germa dans son cœur. Avec ces éventails,
il y aurait sûrement moyen de gagner beaucoup d'argent facilement au lieu de travailler.

시간이 흐른 후, 나무꾼은 건넛마을 부잣집 양반의 회갑 잔치가 있다는 소식을 들었다.
그는 부채를 소매 안에 숨기고 곧바로 잔칫집으로 향했다. 어찌나 사람이 북적대는지,
나무꾼 한 명이 그 안으로 슬쩍 들어가는 것은 그리 어려운 일이 아니었다.
온종일 춤추고 먹고 마신 양반은 온몸이 땀으로 뒤범벅이 되어 있었다.
그런 그에게 나무꾼이 조용히 다가가 말했다.
"나리, 오늘 날씨가 참 덥지요? 제가 시원하게 부채질 좀 해드리겠습니다."
나무꾼은 양반의 코가 충분히 길어질 때까지 열심히 부채질을 한 다음,
얼른 소매 안으로 부채를 숨겼다.
잔치 덕분에 홍겨워진 양반은 자신의 코가 길어진 것을 곧바로 알아채지 못했다.
그러다 잔치에 초대된 사람들이 하나 둘 소리치는 것을 듣고서야 비로소 알게 되었다.
"아이고, 나리, 코가!"
"코가 어찌 된 겁니까?"
"아이고, 코가 길어졌잖아!"
"저 커다란 코 좀 봐."
"나리, 코가 길어졌습니다!"

Plus tard, le bûcheron entendit qu'un riche yangban*, dans le village d'à coté, donnait une fête à l'occasion de son soixantième anniversaire. Il cacha les deux éventails dans la manche de son hanbok et s'invita à la fête. Celle-ci était très animée, aussi il ne fut pas difficile à notre paresseux de se glisser parmi les invités. Le yangban avait beaucoup mangé, beaucoup dansé et bu beaucoup trop de makgeolli*. Il était trempé de sueur. Alors le bûcheron s'approcha de lui, et lui dit :
"Honorable maître, il fait bien chaud aujourd'hui, laissez-moi vous rafraîchir un peu ."
Et il joua de l'éventail rouge sous le nez du riche, jusqu'à ce que ce dernier fût suffisamment long. Puis, il escamota l'éventail rouge dans sa manche.
Le yangban grisé par la fête, ne se rendit pas compte tout de suite que son nez était devenu très long. En fait il ne s'en aperçut que lorsque ses invités s'exclamèrent :
"Aïgo ! Votre nez !"
"Qu'est-il arrivé à votre nez ?"
"Aïgo ! Qu'il est long !"
"Qu'il est grand !"
"Votre nez s'est allongé !..." et ainsi de suite…

양반은 길어진 코를 만져보고 곧 정신을 잃고 말았다. 잔치는 중단될 수 밖에 없었다. 모든 손님들을 내보낸 다음 마을에서 내로라 하는 의원들을 불렀다. 의원들은 머리를 맞대고 고심하였으나, 불행히도 너무나 희귀한 질병이라 치료가 어렵다는 대답밖에 할 수 없었다.
실망한 양반은 그의 병을 고치는 사람에게 금화 한 상자를 주겠노라 알렸다. 이것이 바로 나무꾼이 기다리던 바였다. 다음날, 은밀하게 양반의 저택을 찾은 나무꾼이 양반에게 속삭였다.
"나리, 제가 나리의 코를 낫게 해드릴 방법을 알고 있습니다.
그런데 치료를 하려면 일단 눈을 가려야 됩니다. 그렇지 않으면 효과가 없지요."
더는 잃을 것이 없었던 부자 양반은 나무꾼에게 몸을 맡겼다. 나무꾼이 양반의 눈을 가리고 파란색 부채로 부채질을 하였더니 코가 제 크기로 돌아왔다.
이렇게 해서 나무꾼은 금이 가득 담긴 상자를 받게 되었다.

Le yangban toucha son nez, il était si grand qu'il en tomba dans les pommes. S'en était fini de la fête. On chassa tous les invités et on fit venir sur le champ les meilleurs médecins. Malheureusement, ceux-ci se perdirent en conciliabules pour finalement conclurent que ce nez était une maladie bien rare et difficile à soigner. Désespéré, le riche yangban fit savoir qu'il donnerait un coffre plein d'or à celui qui saurait le soigner. Ce n'est pas moins qu'en attendait notre bûcheron. Le jour suivant, il se rendit discrètement chez le yangban, et lui proposa :
"Honorable maître, je crois que je connais le moyen de soigner votre nez. Mais pour cela, je dois vous bander les yeux. Sans cela, rien n'est possible."
Le riche yangban qui n'avait plus rien à perdre, se laissa faire. Le bûcheron banda les yeux du noble, joua de l'éventail bleu et le nez du malheureux retrouva sa taille normal.
Ainsi le bûcheron reçu un coffre plein d'or.

순식간에 벼락 부자가 된 그는 더 이상 일할 필요가 없었다.
그 이후로 나무꾼은 마루 바닥에 드러누워 공상이나 하며 시간을 보냈다. 빈둥거리며 보내는 하루는 매우 길고 지루했다. 따분한 시간을 보내고 있던 어느 날, 나무꾼의 머리 속에 기상천외한 생각이 불현듯 떠올랐다. 그는 그의 코가 어디까지 길어질 수 있는지 궁금하여 빨간 부채를 꺼내 들고 하루 종일 부채를 부치기 시작했다.

Il était désormais si riche qu'il n'aurait plus jamais besoin de travailler. Depuis, il passait tout son temps à rêvasser sur le maru* de sa maison et, les journées étaient devenues bien longues. Un jour par lassitude, il eut une idée extravagante. Il se demanda jusqu'à quelle hauteur son nez pouvait s'allonger. Il sortit l'éventail rouge de sa manche et, en joua tout le jour.

점점 길어진 그의 코는 마침내 하늘까지 닿아 구름을 뚫고 하늘을 다스리는 옥황상제의 궁전에까지 들어갔다. 난데없는 코의 침입에 깜짝 놀란 옥황상제는 길길이 화를 내며 선녀들에게 이 기다란 코를 궁전의 기둥에 묶어두라 명했다. 명령이 떨어지기가 무섭게 나무꾼의 코는 기둥에 묶였다.
한편 마루에 누워있던 이 게으름뱅이는 길어진 코 때문에 꼼짝도 할 수 없었다. 불편해진 그는 이번에는 파란 부채를 꺼내 부치기 시작했다. 그런데 코가 아래로 줄어들기는커녕 하늘 쪽으로 따라 올라가는 것이 아닌가? 코가 기둥에 묶여 있으니 당연한 일이었다. 구름 속을 헤치며 하늘로 향하던 나무꾼은 있는 힘을 다해 코를 당기기 시작했고, 마침내 자유를 되찾을 수 있었다. 다시 땅으로 떨어진 그는 두 번 다시 부채질을 하지 않았다. 그 이후로 정신을 차린 이 게으름뱅이는 부지런히 일하게 되었고, 그가 마루에서 빈둥대는 모습을 다시는 볼 수 없었다.

Son nez grandit, grandit, grandit. Il s'allongea jusqu'au ciel, à en percer les nuages et à entrer dans le palais d'Okhwang-sangjai*, l'empereur de jade qui règne sur le royaume des cieux. Ce dernier, surpris par cette intrusion, se mis en colère et ordonna aux seonnyeo*, les fées célestes, de ligoter ce long nez à l'un des piliers de son palais. Aussitôt dit, aussitôt fait. Le paresseux qui était allongé sur le porche de sa maison se retrouva coincé par le nez. Aussi pour se libérer, il joua de l'éventail bleu, mais au lieu de voir son nez descendre, c'est lui qui monta vers le ciel. Bien évidemment, puisque son nez était attaché au pilier du palais céleste. Tout en s'élevant vers les nuages, le bûcheron se débattit avec tant d'énergie que son nez finalement se libéra. Il retomba sur terre et jura de ne plus jamais jouer avec ces éventails.

Aïgo (아이고) est dans la langue coréenne, une interjection de surprise ou de dépit.

Maru (마루) est dans l'habitat traditionnel coréen, une terrasse en bois qui fait transition entre l'intérieur et l'extérieur de la maision.
C'est un espace de convivialité..

글
한국어 번역
강노을 Kang Noh-eul
프랑스어 번역
오윤석 Oh Yoon-seok
황진이 Hwang Jin-i
허아랑 Heo A- rang

그림
김태식 Kim Tae-sick

소가 된 게으름뱅이
Le masque de bœuf

옛날 옛적 호랑이가 담배 피우던 시절, 놀고 먹기만 좋아하는 소년이 살고 있었다.
소년의 이러한 모습 때문에 마을사람들 모두가 그를 '게으름뱅이'라 불렀다.
그는 인자한 어머니와 단둘이 초가집에 살고 있었는데, 어머니가 새벽부터 해가 질 때까지 일하는 동안 그는 마루에 드러누워 꾸벅꾸벅 졸고 있기 일쑤였다.
"아들아! 그렇게 잠을 자다간 소가 되어 버린단다!"
어머니의 걱정에도 아랑곳하지 않고, 게으름뱅이 아들이 대답했다.
"상관 마세요!"
매일 고단한 일을 했던 어머니는 결국 몸져눕게 되었다.
소년은 어머니를 돌볼 생각도 하지 않고 멀찍이 앉아 빈둥거렸다.
자리에 누워있던 어머니가 끓어오르는 열 때문에 목이 말라 아들에게 마실 것을 가져다 달라고 부탁했다.
그러나 이 고약한 소년은 어깨를 으쓱하더니 밖에 나가 놀다 오겠다고 대답했다.
이 게으름뱅이는 문도 제대로 닫지 않고 집을 나섰다.

Quand les tigres à l'ombre des grands pins rouges fumaient la pipe, il y avait un garçon qui n'aimait que manger et dormir. Pour cette raison, toutes les personnes du village l'appelaient « le paresseux ». Il vivait dans une chaumière avec sa bonne maman et, alors qu'elle travaillait de l'aube au crépuscule, lui s'allongeait sur le maru* et somnolait. Tous les jours la mère du garçon lui disait :

"Mon fils ! Si tu dors ainsi continuellement, tu vas devenir un bœuf !"

Invariablement, le mauvais fils répondait :"Je m'en fiche !"

Cependant, à force de travail et de fatigue, la pauvre femme tomba malade. Son garçon, au lieu de l'aider, ne fit rien et resta tout le temps assis. Alors qu'elle devait garder le lit, la gorge desséchée par la fièvre, elle lui réclama à boire. Mais le vilain garçon haussa les épaules et lui répondit que puisqu'il en était ainsi, il ferait mieux d'aller jouer dehors.

Alors, le paresseux sortit de la chaumière sans même refermer la porte derrière lui.

이리저리 돌아다니던 그는 마을 외곽에 있던 작은 언덕에 올라,
커다란 소가 적송 그늘 아래서 졸고 있는 것을 보게 되었다.
순간 연민을 느낀 그는 마음속으로 생각했다.
'어머니 말씀이 맞아. 나도 이 녀석처럼 소가 되는 것이 좋겠어. 이 녀석은 정말 좋을 거야.
자고 싶을 때는 실컷 잘 수 있고 아무도 뭐라고 하는 사람도 없잖아. 그래, 소가 되어야겠어!'
바로 그때, 그가 처음에는 알아채지 못했던 한 노인이 나무 아래 쉬고 있는 것을 보게 되었다.
그는 소의 주인이 분명했다. 노인은 적송이 드리운 넓은 그늘 아래 쭈그리고 앉아 있었다.
노인에게 다가간 게으름뱅이는 그가 소머리 탈을 만드는 중이었다는 것을 알게 되었다.

Il traîna un moment de droite et de gauche, gravit une petite colline en bordure du village et vit,
à l'ombre d'un grand pin rouge, un gros bœuf qui sommeillait.
Tout de suite il se prit de sympathie pour l'animal et au fond de lui, il pensa :
“Décidemment, ma mère a bien raison. J'aimerais bien devenir un bœuf comme celui-là.
Il a vraiment de la chance. Il peut dormir autant qu'il le veut et personne ne lui dit jamais rien.
Oui, je voudrais bien devenir un bœuf !”
C'est alors qu'il aperçut, au pied de l'arbre, un vieil homme qu'il n'avait pas vu de prime abord.
Ce devait être le bouvier. Il était accroupi à l'ombre de la couronne du grand pin rouge.
Le paresseux s'approcha de lui et remarqua que le vieil homme
était en train de sculpter un masque de bœuf.

"듣자 하니, 소가 되고 싶다고?"
소 주인이 말했다. 소년이 아무 말도 하지 않자, 그를 지그시 쳐다 보던 노인은 이렇게 말했다.
"마침 탈이 다 되었다."
"이게 무슨 탈 인데요?" 소년이 용기를 내어 물었다.
"소머리 탈이지. 만약 소가 되고 싶다면, 이걸 쓰기만 하면 된단다.
머리에 써보렴, 곧바로 소로 변할 테니. 자, 원한다면 가지거라."
노인이 게으름뱅이에게 탈을 내밀며 말했다.
"정말이에요? 이 탈을 주신다고요?"
신기한 물건에 마음을 뺏긴 어리석은 소년이 탈을 받아 들었다.
게으름뱅이가 탈을 쓰자마자 놀랍게도, 곧바로 소로 변했다.
"우와 감사합니다! 어떻게 된 거지? 정말로 소가 됐잖아!"
소년이 기쁨에 찬 목소리로 소리쳤다.

"J'ai entendu dire que tu voulais devenir un bœuf, lança le bouvier."
Comme le garçon ne répondait rien, il ajouta, regarde,
je viens juste de finir de tailler ce masque.
"Qu'est-ce que c'est que ce masque ? se décida à demander le mauvais garçon."
"C'est un masque de bœuf. Si tu veux devenir un bœuf, rien de plus simple."
Mets ce masque sur ton visage et tu deviendras un bœuf.
Tiens, si tu le veux, je te le donne, fit le bouvier en tendant le masque au paresseux.
"C'est vrai ? Vous me donnez ce masque ?"
demanda le vilain garçon qui tendait les mains pour s'accaparer l'objet.
Dès que le paresseux mit le masque, il se transforma en bœuf.
"Oh merci ! s'exclama-t-il, Que m'arrive t-il ?"
Je deviens vraiment un bœuf, cria-t-il de joie.

"자, 소가 되었으니, 이제 소 주인인 내 말을 들어야지."
말이 끝나기가 무섭게, 노인은 소가 된 소년에게 코뚜레를 끼웠다.
"자 이제 장에 가자. 너같이 실한 녀석은 좋은 값을 받을 수 있을 게다."
"뭐라고요? 안돼요!" 소가 된 게으름뱅이가 소 울음소리를 내며 소리쳤다.
"이미 늦었어!" 노인이 비웃으며 말했다.
"자 어서 가거라!" 노인이 발길을 재촉했다.
이미 엎질러진 물이었다. 소 주인은 소를 끈으로 동여 매고 채찍질을 해가며 장으로 끌고 갔다.
장에서 소를 파는 것은 어렵지 않았다. 살이 제법 오른 젊은 소는 윤기가 흐르며 힘이 넘쳐 보였다.
노인은 한 농부와 흥정을 하더니, 곧 소를 팔아 넘겼다.
노인은 농부에게 절대로 소에게 흰 무를 먹여서는 안 된다고 단단히 일렀다.
"정말 튼튼한 녀석이지요, 농사 일을 잘 할겁니다.
그렇지만 만약 흰 무를 먹게 되면 죽어버리니 조심하시오!"
"안돼요 안돼! 절 팔지 마세요!" 소가 된 소년이 울부짖었다.
그러나 농부의 귀에는 음매 하는 소리만 들릴 뿐이었다. 농부가 소 주인에게 물었다.
"소가 좀 요란한 거 같은데......무슨 문제가 있는 거 아니오?"
"하! 아무것도 아니오. 일이 하고 싶어서 몸이 근질거리는 모양인데,
데려가서 바로 일을 시켜 보시오. 아마 잠잠해질 거요."

"Si tu es un bœuf et moi un bouvier, alors tu dois me suivre et m'obéir."
En disant cela, le vieil homme fixa un anneau dans les naseaux du paresseux devenu bœuf. Et il ajouta :
"Nous allons au marché, une jolie bête comme toi, je te vendrai sûrement un très bon prix."
"Quoi ? Non, ce n'est pas possible, je ne veux pas ! beugla le mauvais garçon."
"C'est trop tard ! ricana le bouvier, Allez, avance ! gronda le vieil homme."

Il était trop tard. Le bouvier lui avait attaché une longe et le tirait vers le marché, à force coups de badine. Une fois au marché, il ne fut pas difficile au bouvier de vendre son bœuf. L'animal était, quoi qu'un peu gras, jeune et fort. Aussi, il fit rapidement affaire avec un paysan. Pendant la transaction, le bouvier recommanda au paysan de ne jamais lui donner de radis blanc à manger :

"C'est une belle bête, ce bœuf sera vaillant à l'ouvrage, mais si par malheur vous lui donnez du radis blanc, il en mourra !"
"Non ! Non ! Ne me vendez pas ! mugissait l'enfant bœuf."

Mais le paysan n'entendait que « Meuh ! Meuh ! » Aussi il demanda au bouvier :
"Il est quand même très bruyant, ce bœuf, qu'est-ce qu'il a ?"
"Bah ! Ce n'est rien dit, le bouvier. Il a besoin de faire de l'exercice, mettez-le au travail et vous verrez, il va se calmer."

집으로 돌아간 농부는 곧장 일을 시작했다.
때마침 갈아야 할 논이 드넓게 펼쳐져 있었다.
그러나 소는 쟁기를 끌지 않으려 버텼고,
농부는 소가 말을 들을 때까지 마구 채찍을 휘둘러댔다.
결국 게으름뱅이 소는 일을 할 수 밖에 없었다.
그는 매일 논밭을 경작하거나 무거운 짐을 끌어야 했다.
아침 일찍부터 일을 시작해 해가 질 무렵이
되어서야 쉴 수 있었다. 다정한 어머니와 함께했던
조용하고 편안했던 삶은 그곳에 존재하지 않았다.
밤이 되어 축사로 돌아왔을 때 그의 몸과 마음은 모두 지쳐 있었다.
서러운 마음에 하소연이라도 하고 싶었지만,
그럴 때마다 그의 목을 통해 나오는 것은
끔찍한 소의 울음소리였다. 더는 이렇게 살 수 없었다.
어느 날 아침, 농부가 게으름뱅이를 데리고 밭으로 나왔을 때,
그들은 흰 무밭을 지나게 되었다.
그 순간 게으름뱅이의 머리 속에 불현듯 노인이 농부에게 했던 말이 떠올랐다.
농부가 잠시 한눈을 파는 사이, 소는 무밭으로 쏜살같이 달려갔다.

Dès que le paysan fut de retour à sa ferme,
ils se mirent au travail.
Le fermier avait justement un champ de riz à labourer.
Mais le bœuf refusa de tirer la charrue,
alors le fermier fit claquer son fouet et battit
copieusement l'animal jusqu'à ce qu'il obéisse.
Le paresseux dut se mettre au travail.
Chaque jour, il devait labourer ou tirer des charges
lourdes. Il commençait à l'aube et terminait au crépuscule.
La vie tranquille et paisible, qu'il menait dans la maison de sa bonne mère,
était terminée. La nuit venue, quand il rentrait à l'étable, il était très
fatigué et bien plus triste encore. Il ne pouvait en parler à personne,
chaque fois qu'il essayait de dire quelque chose, d'horribles
meuglements sortaient de sa gorge.
Cela ne pouvait plus continuer ainsi !
Un matin, alors que le paysan conduisait l'enfant bœuf aux champs,
ils passèrent près d'une parcelle de radis blancs.
Le paresseux se souvint alors des mots du bouvier.
Aussi, profitant d'un instant d'inattention du paysan, le boeuf se rua dans le champ.

"아이고! 게 서라!" 농부가 외쳤다.

"이렇게 고달픈 삶을 사느니, 차라리 무를 먹고 죽는 게 나아요!"

소가 울부짖었다.

게으름뱅이가 정신없이 무를 파낸 다음 한입 깨물었을 때,

곧 잠에서 깨어났다. 그는 적송 아래에서 쭈그리고 앉아 있었다.

모든 것이 끔찍한 악몽에 지나지 않았다.

곧바로 벌떡 일어난 그는 샘으로 달려가 물을 길었다.

편찮으신 어머니가 마실 것을 달라고 한 것이 생각났던 것이다.

그날 이후로 소년은 의젓하고 성실한 아들이 되어 어머니께 효도를 하기로 결심했다.

이리하여 그는 마을에서 제일 용감하고 친절한 소년이 되었다.

"Aïgo* ! Halte là !" s'écria le paysan
"Je veux manger des radis blancs !"
meugla l'animal, mieux vaut mourir que vivre cette vie de labeur et de tristesse.
Alors, le paresseux donna de grands coups de cornes dansle sol pour en faire jaillir les radis blancs, et à peine en eut-il croqué un, qu'il s'éveilla.
Il s'était assoupi au pied du grand pin rouge. Tout n'avait été qu'un horrible cauchemar. Il se leva d'un bon, courut à la fontaine y puiser de l'eau.
Sa mère était malade. Il se souvenait qu'elle lui avait réclamé à boire.
Désormais, il allait être un fils digne, travailleur et obéissant comme le veut la tradition de la piété filiale. C'est ainsi qu'il devint vaillant et le plus gentil de tous les enfants du village.

Concubine : jadis, dans la société traditionnelle coréenne, il était d'usage et de bon ton qu'un homme riche et bien né ait plus d'une épouse. On emploie généralement le terme de concubine pour différencier ces femmes de la première épouse

Satto (사또) désigne la fonction administrative de la personne chargée d'appliquer le loi et la justice

Gut (굿) est le nom donné aux cérémonies chamaniques de Corée. Durant ces cérémonies, la mudang effectue en transes une danse chamanique au rythme de percussion (tambours et gongs).

Mudang (무당) est le nom coréen donné aux chamanes. Le chamanisme est une tradition ancestrale qui demeure encore aujourd'hui un élément important de la culture coréenne. Cet ensemble de croyances et de superstitions,
n'est pas à proprement parlé une religion. Le chamanisme coréen est officié par une mudang (le plus souvent une femme), grâce à des cérémonies parfois longues et compliquées, composées de chants, de musiques et de danses, la mudang communique avec les esprits afin de faire des prédictions et des prophéties, effectue des rites de guérison et de protection appelés gut. Durant ces rites, lors d'une transe la mudang est généralement possédée successivement par différents esprits avec lesquels elle communique soit pour les apaiser lorsqu'ils sont contrariés ou offensés soit pour les chasser lorsqu'ils sont néfastes, soit encore elle les invite à s'installer lorsqu'ils sont bienveillants.

글
한국어 번역
강노을 Kang Noh-eul
프랑스어 번역
박수경 Park Sook-yeon
김보라 Kim Bo-ra
황현정 Hwang Hyeon-jeong

그림
김규리 Kim Kyu-sri

귀신의 장난
Les vilénies du fantôme

이것은 훌륭한 문인이었던 성세창이 아직 젊은이였을 때의 이야기다.
그의 저택에서 서쪽을 바라보면 매우 울창한 숲이 있었는데
나뭇잎들이 어찌나 빽빽하게 나 있는지 햇빛이 바닥까지 들지 않을 정도였다.
마을 사람들 중 그 누구도 그 숲에 가는 것을 좋아하지 않았다.
그런데, 음산한 종소리를 닮은 이상한 소리가 숲 근처에서 들렸을 때,
사람들은 뭔가 불길한 일이 일어날 것이라 확신하게 되었다.
학자였던 성세창은 이 미신 같은 소문을 전혀 믿지 않았다.
문인에게는 숲 속을 스치는 바람소리에 지나지 않았지만 다른 사람들에게는
귀신이 돌아다니는 소리로 들렸다. 어쨌거나 이 기이한 현상은 온 마을을 들썩이게 했다.

En ce temps là, le grand lettré Seong Sae-chang n'était encore qu'un jeune homme.
A l'Ouest de sa demeure, s'étendait une épaisse forêt obscure,
dont les frondaisons étaient si épaisses que la lumière du jour n'arrivait pas jusqu'au sol.
Personne au village n'aimait s'y aventurer. Alors,
lorsque des sons étranges semblables au tintement de cloches lugubres se firent
entendre au-delà de l'orée, les gens furent convaincus que cela n'augurait rien de bon.
Seong Sae-chang, en homme de sciences, ne portait aucun crédit à ces rumeurs superstitieuses.
Mais, si, pour le lettré, ce n'était que le chant du vent sifflant dans les arbres,
pour d'autres ce ne pouvait être que les hurlements lancinant d'un fantôme.
En tout cas, cet étrange phénomène faisait jaser tout le village.

성세창의 집을 둘러싼 돌담위로 돌들이 솟구쳐올라 마당에서 뒹굴기 시작하면서부터 공포심은 점점 더 커져만 갔다.
대부분의 사람들은 귀신이 숲에서 가장 가까운 집을 공격한 것이 당연하다고 생각했지만,
곧 이 불길한 일이 자신들의 집에서도 일어날까 불안해하기 시작했다.
이 일에 전혀 개의치 않았던 성세창은 사람들의 수군거림에는 신경 쓰지 않았고,
차라리 사또가 자초지종을 살펴 이 못된 장난을 하는 무뢰한들을 꾸짖어 주길 바랐다.

Le sentiment de crainte augmenta quand des pierres se mirent à jaillir au dessus
du mur d'enceinte de la propriété du jeune maître Seong, pour atterrir et rouler dans sa cour.
Pour la plupart des gens, il apparut normal que le fantôme s'attaquât à la maison la plus proche de la forêt,
mais bien vite ils redoutèrent que ces manifestations malignes
ne viennent jusqu'à s'attaquer à leur propre logis.
Seong Sae-chang, peu impressionné, n'écoutait pas ces ragots, et aurait préféré que le satto*
menât une enquête pour tirer les oreilles des vauriens qui faisaient ces mauvaises farces.

그리고 초승달이 뜬 어느 날 밤, 이상한 불덩어리들이 숲 위를 떠다니기 시작했다.
마을사람들의 근심은 점점 커져서 귀신이 숲에서 나와 불행과
재앙이 마을을 덮칠 것이라 확신했다. 성세창의 하인들은 얼이 빠졌고,
어떤 사람이 날아온 돌에 맞아 다쳤다는 소문도 들렸다.
사람들은 자신들의 집에 틀어박혀 대문을 걸어 잠그고 감히 밖으로 나올 생각을 하지 못했다.
몇몇은 보따리를 싸서 그 마을을 떠나고자 하였다.
그러나 담대한 성세창은, 이 소문들을 전혀 신경 쓰지 않았으며, 온 마을에 퍼져있는 이 불안을 전혀 이해할 수 없었다.
그리고 구름이 달을 가린 어느 날 밤, 개들이 울부짖었다.
그날 밤 성세창의 계집종이었던 점순이는 문득 용무가 너무 급했다.
그녀는 마당 깊숙이 있던 뒷간에 가는 것이 무서워 주저하고 있었으나 더 이상 참을 수 없는 지경에 이르렀다.

Puis, une nuit de nouvelle lune, d'étranges boules de feu se mirent à flotter au dessus de la forêt.
L'inquiétude des villageois enfla,
les gens en étaient certains, le démon de la forêt n'allait pas en rester là,
malheurs et calamités viendraient empoisonner le village.
Les serviteurs de la maison Seong en étaient affolés,
on racontait même qu'un homme avait été blessé par des jets de pierre.
Les gens commencèrent à se calfeutrer chez eux, ils verrouillaient portes et portails,
n'osaient plus sortir. Certains assuraient qu'ils allaient faire leurs balluchons et quitter la région.
Mais Seong Sae-chang impavide ne portait aucune attention
à ces rumeurs et ne comprenait pas l'inquiétude générale.

결국 그녀는 칠흑 같은 밤을 쏜살같이 가로질렀다. 그런데 뒷간 입구에서 그녀는
알 수 없는 무언가 때문에 가로막혀 결국 주저앉고야 말았다. 그녀는 일어서려고 하였지만
불가능했다. 어떤 보이지 않는 힘이 그녀를 바닥에 짓누르고 있었다. 찢어지는 듯한 그녀의
비명소리가 암흑의 정적을 깼다. 집안사람들은 모두 공포로 얼어붙어 어느 누구도 마당으로
나가 이 어린 처자를 구할 생각을 하지 못했다. 공포에 질린 그녀의 울부짖음은 계속되었다.
구름이 걷히고 달이 다시 얼굴을 내밀었을 때, 성세창의 가족들은 용기를 내어 모두 함께 계집종을
구하러 밖으로 나왔다. 사람들은 바닥에 쓰러져 있는 그녀를 발견했다. 그녀는 여전히 흐느끼고
있었고 치마자락은 제멋대로 올라가 있었다. 사람들은 경악을 금치 못했다.
집으로 들어온 후, 성세창은 자초지종을 묻기 위해 그녀를 집무실로 들게 하였다.

Puis une nuit, les nuages couvrirent la lune, les chiens hurlèrent.
Malheureusement Jeom-soon, la servante de la maison Seong, était prise d'une envie pressante,
elle se retint aussi longtemps qu'elle put car elle craignait d'aller aux cabinets dont
la cabane était au fond de la cour.
Finalement, n'en pouvant plus, elle fila comme une flèche dans la nuit noire.
A l'entrée des latrines, elle trébucha sur quelque chose qu'elle ne put identifier et s'affala.
Elle essaya de se relever. Impossible, une force invisible la tenait plaquée au sol.
Son cri déchira sa poitrine et l'obscurité. Dans la maison, tous furent glacés d'effroi,
personne n'osa franchir la cour pour porter secours à la jeune femme dont
les hurlements d'horreur persistaient.Lorsque les nuages se dissipèrent, la lune réapparut,
alors la famille Seong s'enhardit et comme un seul homme sortit pour aider la servante.
Ils la trouvèrent étendue sur le sol, encore sanglotante, le jupon en bataille et la jupe relevée.
Tout le monde en fut bien étonné.
Une fois rentré au logis, Maître Seong fit venir la servante dans son cabinet de travail pour la questionner .

"점순아, 무슨 일이 있었던 게냐? 누가 널 민 것이냐?"
"자……잘 모르겠사옵니다……"
어린 처자가 우물거렸다.
"아무도 절 밀지 않았사옵니다……"
"그럼 너 혼자 넘어졌단 말이냐?
"아니요, 힘센 어떤 자가 절 넘어뜨렸사옵니다."
가여운 하녀가 숨이 넘어갈 듯이 울먹이며 대답했다.

"Jeom-soon, que s'est-il passé exactement ? Qui t'a poussé ?"
"Je … Je ne sais pas, bredouilla la jeune femme.
Personne ne m'a poussé …"
"Alors tu es tombée toute seule ?"
"Non, quelqu'un de fort m'a fait tomber, répondit la pauvre servante en étouffant ses larmes."

"그리고 그 다음에?" 성세창이 물었다.
"그......그리고......" 하녀는 오열하며 말을 잇지 못했다.
성세창은 이제 사실을 인정해야만 했다. 그가 이해할 수 없는 어떤 음모가 어두운 숲 안에서 계획되고 있었다.
그래서 그는 그의 집무실에 틀어박혀 고서들을 살펴보기 시작했다.
몇 주가 지나자 점순이의 배가 불러오기 시작했다. 그녀는 귀신에게 겁탈 당해 임신이 된 것이 분명했다.
불행은 여기서 끝나지 않았다. 그 다음에도 다른 여자들이 같은 일을 당했다.
그 후로도 악행은 공공연히 자행되었고 이는 너무나 가혹한 것이었다.
몇몇 사람들은 무당을 불러 굿을 하여 집안의 안녕을 꾀하기도 했다.
다른 이들은 종교의 힘을 빌어 스님의 염불로 귀신을 내쫓으려 하였다.

"Et après ? demanda le lettré"
"Et après …"
La servante, submergée par les sanglots, ne put finir sa phrase.
Maître Seong dût se rendre à l'évidence.
Quelque chose qui dépassait son entendement se tramait dans l'ombre des bois.
Alors, il s'enferma dans son cabinet de travail pour consulter les anciens livres.
Quelques semaines plus tard, le ventre de Jeom-soon s'arrondit. De toute évidence, elle avait été engrossée par l'esprit malfaisant. Cela ne s'arrêta malheureusement pas là, car les jours suivants, d'autres femmes connurent la même mésaventure.
L'affaire diabolique prenait désormais une tournure scabreuse, c'en était trop pour les villageois.
Les uns faisaient venir des mudang* pour exorciser et assurer la protection de leur maison.
D'autres s'en remettaient à la religion et appelèrent des moines bouddhistes pour que leurs prières chassent le fantôme.

그러나 그 어떤 것도 효험이 없었고 걱정은 곧 공포로 변해갔다. 여자들은 공포에 떨었고, 남편들은 그들의 부인과 첩을,
아버지들은 그들의 딸을, 형제들은 그들의 누이를 보호하고자 하였다. 모든 사람들은 귀신의 짓이라 생각하였다.
마을을 떠야겠다고 말했던 사람들은 결국 이사를 하기로 결심했다. 곧 다른 이들도 그들을 뒤따랐다.
그들은 수치스러웠지만 마을을 뜨는 쪽을 택했다. 사람들이 떠나는 모습을 본 성세창은 마음이 착잡했다.
이제 그가 정면으로 이 난국을 돌파하여 귀신을 잡아야만 했다. 그날 저녁, 성세창은 확신에 찬 모습으로 다 읽은
고서들의 책장을 덮고, 숲과 정면으로 마주한 곳에 돗자리를 폈다.
그는 마치 명상을 하는 것처럼 돗자리 위에 앉았다.
길고 힘든 밤이 될 터였다. 그러나 대담하게 깊은 숲을 향해 소리질렀다.

Rien ne semblait avoir raison du démon, l’inquiétude se transforma en angoisse.
Les femmes étaient terrorisées,
les maris voulaient protéger leurs épouses et leurs concubines*, les pères leurs filles et les frères leurs sœurs.
Tous redoutaient les assauts de l’incube.
Ceux qui avaient dit qu’ils quitteraient le village, se résolurent à déménager.
Bientôt d’autres les suivirent, ils préféraient l’exil au déshonneur.
Tous ces départs chagrinaient Seong Sae-chang.
Il lui fallait prendre le taureau par les cornes et chasser le fantôme.
Le soir même, confiant, il ferma les vieux manuscrits dont il avait fini l’étude,
il étendit une natte sur la petite terrasse qui,à l’ouest, faisait face à la forêt.
Il s’y assit comme pour la méditation ;
la nuit risquait d’être longue et agitée. Mais hardiment, il cria en direction de la masse sombre des arbres :

"귀신아, 이리 썩 나오너라! 나와 힘을 겨루자!
나는 네놈이 전혀 무섭지 않다! 네놈을 이겨 이 세상에서 내쫓고 말 것이야!"
성세창은 차분히 앉아서 새벽까지 밤을 지새우며 작은 소리에도 귀 기울였다.
그럼에도, 그날 밤은 쥐 죽은 듯이 고요했다.
붉은 해가 지평선에서 떠오를 때쯤 그는 확신할 수 있었다. 귀신은 그와 맞서길 원치 않았다.
그래서 그는 일어나 집안으로 들어갔다. 그가 뒤돌아 채 세 발짝도 걷지 않았을 때 목덜미의 털이 곤두섰다.
거대한 바위 하나가 방금 까지 그가 앉아 있던 돗자리 위로 떨어졌다.
일 초라도 그 자리에 머물렀다면, 그는 이 돌에 깔렸을 것이었다.
화가 치민 그는 어두운 숲을 향해 몸을 돌려 소리 질렀다.

"Fantôme ! Viens à moi ! Viens te mesurer à moi.
Je ne te crains pas. Je te vaincrai et t'expulserai de notre monde."
Le lettré Seong tranquillement assis, veilla jusqu'à l'aurore, attentif au moindre bruissement.
Toutefois, la nuit n'avait jamais été aussi douce et calme.
Quand le disque rouge du soleil émergea enfin à l'horizon, il se sentit rassuré.
Le démon n'avait pas voulu l'affronter. Alors, il se leva pour rentrer à l'intérieur.
Il n'avait pas fait trois pas que son dos et sa nuque se hérissèrent :
un formidable rocher venait de s'abattre sur la natte où il se tenait un instant plus tôt.
S'il était resté une poignée de seconde de plus, il aurait été écrasé sous le bloc de pierre.
Alors furieux, il se tourna vers la forêt obscure et cracha :

"이 비겁한 귀신 같으니!
너는 야밤에 연약한 아녀자들은 공격하면서 정작 나와 정면으로 겨룰 용기는 없는 게로구나!
네놈의 정체가 무엇이든, 어디서 왔든, 이곳은 네가 있을 곳이 아니다.
네가 살던 곳으로 돌아가거라.
그렇지 않으면 내 언젠가는 네 정체를 폭로하여 섬멸할 것이다."
그리고 그는 차분하게 등을 돌려 집안으로 들어갔다.
그날 이후로 어떤 귀신도 이 마을의 평온을 깨려 나타나지 않았다고 한다.

"Tout démon que tu es, tu n'es qu'un lâche.
Tu t'attaques aux femmes la nuit et tu n'as pas la force de te mesurer à moi de front.
Qui que tu sois, d'où que tu viennes, ta place n'est pas dans notre monde.
Retourne chez les tiens car un jour ou l'autre je te démasquerai et je t'anéantirai !"
Puis sereinement il tourna le dos à la forêt et rentra chez lui.
Depuis lors, jamais plus l'esprit démoniaque ne revint troubler la quiétude de ce village.

Hanyang (한양, 漢陽) est un ancien nom de Séoul lors de la période Koryeo (X° au XIV° siècle).

Mudang (무당) est le nom coréen donné aux chamanes. Le chamanisme est une tradition ancestrale qui demeure encore aujourd'hui un élément important de la culture coréenne. Cet ensemble de croyances et de superstitions, n'est pas à proprement parlé une religion. Le chamanisme coréen est officié par une mudang (le plus souvent une femme), grâce à des cérémonies parfois longues et compliquées, composées de chants, de musiques et de danses, la mudang communique avec les esprits afin de faire des prédictions et des prophéties, effectue des rites de guérison et de protection appelés gut. Durant ces rites, lors d'une transe la mudang est généralement possédée successivement par différents esprits avec lesquels elle communique soit pour les apaiser lorsqu'ils sont contrariés ou offensés soit pour les chasser lorsqu'ils sont néfastes, soit encore elle les invite à s'installer lorsqu'ils sont bienveillants.

글
한국어 번역
강노을 Kang Noh-eul
프랑스어 번역
박수진 Park Su-jin
홍민정 Hong Min-jeong

그림
황신혜 Hwang Sin-hye

귀신을 쫓고 아내를 얻다
Comment Nami se maria

유명한 무당의 아들인 남이가 한양거리를 정처 없이 돌아다니고 있었다.
멋진 풍채를 지니고 있음에도, 이 젊은이는 혼인을 하지 못했다.
그도 그럴 것이 어떤 여자가 무당의 자식과 혼인하고 싶어 하겠는가?
사거리를 우회할 무렵, 상심에 사로잡혔던 그의 눈길을 끄는 기묘한 광경이 펼쳐졌다.
한 남자가 보따리를 짊어지고 가는데 창백한 얼굴을 한 절세 미녀가 그 봇짐 위에 앉아 있는 게 아닌가?
하지만 이상하게도 아무도 그녀를 알아채지 못했다. 오직 남이만이 이 귀신을 볼 수 있었다!
놀란 남이는 그 남자와 그의 기이한 짐 보따리를 따라가 보기로 하였다.

A cette époque où les tigres fumaient la pipe, Nami, le fils d'une mudang* renommée, se promenait dans les rues de Hanyang* en quête d'aventure. Bien fait de sa personne, le jeune homme regrettait de ne pas trouver à se marier. Mais quelle femme accepterait d'épouser le fils d'une chamane ?

Au détour d'un carrefour, une scène étrange le tira soudain de ses tristes pensées : Une très jolie jeune femme, diaphane, se tenait assise, juchée au dessus de ballots qu'un homme transportait sur sa hotte. Mais chose curieuse, personne d'autre ne la remarquait. Seul Nami pouvait voir cette femme fantôme ! Intrigué, le fils de la mudang décida de suivre cet homme et son chargement singulier.

Plusieurs rues plus loin, le portefaix passa le portail d'une riche demeure et quelques instants plus tard, Nami entendit distinctement des gémissements. Quelque chose venait de se produire de l'autre côté du mur d'enceinte et déjà on s'agitait. Un drame soudainement avait frappé la demeure. Affolé, un valet sortit précipitamment dans la rue. Nami l'interpela :

"Que se passe t-il donc dans cette maison ?"

"Suni, la fille du haut-fonctionnaire Gwon-nam vient de mourir !"

Immédiatement, Nami pensa qu'il devait y avoir un lien avec la femme fantôme, aussi il demanda au valet :

"Je voudrais la voir. Ne pourrais-tu pas m'introduire auprès de ton maître ?"

Interloqué, le domestique le pria de s'expliquer, alors Nami lança :

"J'ai mon idée sur la mort de cette jeune personne et si elle est bonne, je crois pouvoir la ressusciter."

"Si ce que vous dites est vrai, répondit le valet, alors suivez-moi."

A l'intérieur de la résidence, on présenta Nami à Gwon-nam. Le fils de la mudang, sans parler de ce qu'il avait vu dans la rue, réitéra sa requête : il pensait pouvoir sauver la fille du haut fonctionnaire, mais il ne fallait pas perdre de temps.

여러 거리를 지난 후에
이 짐꾼은 으리으리한 저택의 대문으로 들어갔고
잠시 후에 남이에게 곡 소리가 들렸다.
이 돌담 너머로 이제 막 무슨 일이 생긴 것이 분명했다.
그리고 사람들은 갑자기 이 저택을 덮친 비극으로 동요하고 있었다.
한 하인이 얼이 빠진 모습으로 황급히 거리로 나왔다. 남이는 그를 불러 세웠다.
"이 집안에서 무슨 일이 일어난 게냐?"
"권남 대감님의 딸인 순이 아가씨께서 돌아가셨습니다."
곧 남이는 이 일이 아까 그 귀신과 연관이 있다는 생각이 들어 다시 하인에게 물었다.
"아씨를 보고 싶으니 이 댁 주인어른을 좀 뵙게 해 주게나."
하인은 어리둥절해 하며 그에게 이유를 물었다. 하여 남이가 말하길
"이 아가씨의 죽음에 대해 내 짐작 가는 일이 있어 그렇다네.
만약 내 생각이 맞다면, 내 그녀를 되살릴 수 있을 것이야."
"그 말씀이 사실이라면 저를 따라오시지요." 하인이 말했다.
집안 내부에 들어서서 하인은 남이를 권남 대감에게 소개했다.
남이는 그가 거리에서 본 것은 숨긴 채, 딸을 보게 해달라고 간청했다.
남이는 자신이 대감의 딸을 구할 수 있을 것이라 생각했다.
그렇다면 더 이상 시간을 지체해선 안 될 일이었다.

대감은 곧 남이를 방으로 들게 했다. 젊은이는 방문을 열었다.
귀신이 죽은 아가씨의 어깨 위에 걸터 앉아 있었다.
이상하게도 두 여자는 매우 닮아 있었다.
“어째서 이 여인의 목숨을 탐하느냐?” 남이가 말했다.
누군가 자신을 볼 수 있다는 사실에 놀란 귀신은 비난 섞인 어조로 말했다.
“이 아이가 나보다 더 고운 게 잘못이야. 이 아이의 미모가 이 세상을
밝힐 때 내 미모는 내 목숨과 함께 꺼져간다는 것이 너무 괴롭단 말이다.”
“살아있는 자로서 이 같은 일을 허락할 수 없다!
지금 당장 사라져 다시는 돌아오지 마라!”
남이가 꾸짖었다. 남이의 호령에 정체가 탄로 난 귀신은 연기가 되어 사라졌다.

Alors sans plus attendre, on fit entrer Nami dans le gynécée. Le jeune homme fit coulisser la porte de la chambre. La femme fantôme était assise sur l’épaule de la morte.
Et chose étrange, les deux filles se ressemblaient beaucoup.
“Pourquoi en veux-tu à la vie de cette fille ?” lança Nami.
Surprise que quelqu’un puisse la voir, le spectre siffla d’un ton de reproche :
“C’est qu’elle est plus belle que moi. Je ne peux souffrir que sa beauté illumine le monde alors que la mienne s’est éteinte avec ma vie.”
“Moi vivant, je ne te permettrai pas une chose pareille ! gronda Nami. Je t’ordonne à l’instant de disparaître et de ne jamais revenir.”
A cette injonction, la femme fantôme, ainsi démasquée, s’évapora en fumée.

그리고 아름다운 순이는 죽음의 잠에서 깨어났다.
딸이 다시 살아났다는 소식을 들은 대감은 기뻐 어쩔 줄 몰라했다.
"내 딸이 살아있다니, 믿을 수가 없구나!"
그리고 남이 쪽으로 돌아서더니 그에게 물었다.
"너에게 어떻게 보답을 해야 할지 모르겠구나."
"아닙니다. 대감마님! 전 별로 한 것이 없사옵니다.
하지만 귀신이 들어오지 못하도록 문 위에 부적을 붙이셔야 합니다."
그리고는 남이는 하직인사를 하였다.

Et la belle Suni se réveilla de son sommeil mortuaire.
A l'annonce de la résurrection de sa fille, le haut-fonctionnaire laissa exploser sa joie :
"Ma fille est vivante, c'est incroyable !"
Puis se tournant vers Nami, il lui demanda :
"Comment pourrais-je te remercier ?"
"Ce n'est rien, votre excellence, je n'ai vraiment pas fait grand-chose.
Mais vous devriez coller sur vos portes quelques parchemins de protection pour éloigner les démons."
Puis Nami prit congé.

그가 몇 발짝 떼지 않았을 때 더욱 비통한 신음을 들었다.
권남 대감이 다시 남이를 불렀다.
"남이! 남이! 내 딸이 다시 죽었다네! 부탁이니 내 딸을 살려주게."
남이가 다시 순이의 방 안으로 들어 와 보니, 귀신이 다시 대감의 딸 어깨 위에 앉아 있었다.
"네 이년 돌아왔구나!" 남이는 귀신을 똑바로 바라보며 외쳤다.
"내 말을 듣지 못할까? 어서 썩 물러가거라! 만약 내 눈에 다시 띈 다면 그때는 가만두지 않을 것이다!"
또 다시 겁을 먹은 귀신은 연기 사이로 자취를 감추었다. 그리고 순이는 무덤 저편에서 깨어났다.
남이는 그곳에 머무를 수 없었다. 분명히 귀신은 돌아올 것이지만 이 여인을 지키기 위해 영원히 머무를 수는 없을 터였다. 남이는 그가 어렸을 때 어머니가 알려준 퇴마의식이 생각났다.
다음날 밤 남이는 어머니의 영혼에 기도하며 주문을 외웠다.
"수리수리 마수리. 물러가거라 귀신아! 이 집을 당장 떠나 이 여인을 놓아 줘라!"

Il n'avait pas fait trois pas dans la rue, qu'il entendit une fois de plus le lugubre gémissement. Gwon-nam le rappela aussitôt :

"Nami ! Nami ! Ma fille est de nouveau morte ! Je t'en supplie, reviens la sauver !

Quand Nami retourna dans la chambre de Suni, la femme fantôme était revenue s'asseoir sur l'épaule de la fille du haut-fonctionnaire."

"Ah te revoilà, peste ! s'exclama Nami en la fixant droit dans les yeux. Tu ne m'as pas écouté. Va t'en et ne reviens jamais !

Si je te revois encore, je te couperai le nez !" Une fois encore, le fantôme prit peur, s'évanouit dans un nuage de fumée et Suni s'éveilla de son sommeil d'outre-tombe. Il ne fallait pas en rester là. A coup sûr, le spectre allait revenir et Nami ne pouvait pas rester indéfiniment auprès de la jeune femme pour la protéger. C'est alors qu'il se souvint des exorcismes que sa mère lui avait appris quand il était enfant. La nuit suivante, Nami invoqua l'esprit de sa mère et prononça les incantations chamaniques:

"Suri-suri, masuri … Arrière démon ! Quitte cette maison et libère cette fille !"

그리고 아침이 되어 순이가 일어났을 때 남이는 자신만이 알고 있는
신비로운 효능을 지닌 약초를 그녀에게 처방해 주었다.
순이는 이렇게 귀신의 손아귀에서 벗어났고 귀신은 사라져 다시는 돌아오지 않았다.
권남 대감은 남이의 능력에 감동하여 다음과 같이 말했다.
"내 넷째 딸 순이를 구해주었구나. 어떻게 감사의 말을 전해야 할지……
내 생각에는 둘이 인연인 것 같소. 만약 그대만 허락한다면, 내 딸을 주겠소."
남이에게는 정말 뜻밖의 제안이었다. 아내를 얻기 위해 부질없는 노력을 했던
그에게 운명은 결국 양반집의 아름다운 여인을 선사했다.
"대감마님, 영광이옵니다. 따님을 행복하게 해 드릴 것을 약조하겠습니다."
순이 또한 자신의 목숨을 구해준 데다 마음에 쏙 들기까지 하는 이 남자와 혼인하게 되어 매우 기뻤다.
혼례는 엄숙한 분위기 속에서 치러졌다. 그리고 이 부부는 오래오래 행복하게 살았다.

Puis, au matin, lorsque la jeune femme se réveilla, il lui prescrivit des plantes officinales dont il connaissait les secrets. Suni fut ainsi libérée de l'emprise démoniaque du fantôme qui disparut pour toujours et ne revint jamais plus.

Le haut-fonctionnaire Gwon-nam touché par le pouvoir de Nami lui annonça :

"Vous avez sauvé Suni, ma quatrième fille. Je ne sais comment vous en remercier. Mais je crois que vous lui êtes destiné. Aussi, si vous y consentez, je vous donne sa main."

Pour Nami, cette proposition était inespérée. Il cherchait vainement une épouse et le destin lui en offrait une de haute condition et ravissante comme un cœur. Alors il répondit :

"Votre excellence, j'en suis très honoré et je vous promets de faire le bonheur de votre fille."

Quant à Suni, elle fut d'autant plus heureuse d'épouser son sauveur, qu'elle le trouvait fort à son goût. Les noces furent célébrées dans une fête majestueuse. Et par la suite, le couple vécut heureux de très longues années.

Li (리) : unité de distance qui correspond à peu près à 400 mètres.

Mudang (무당) est le nom coréen donné aux chamanes. Le chamanisme est une tradition ancestrale qui demeure encore aujourd'hui un élément important de la culture coréenne. Cet ensemble de croyances et de superstitions, n'est pas à proprement parlé une religion.
Le chamanisme coréen est officié par une mudang (le plus souvent une femme), grâce à des cérémonies parfois longues et compliquées, composées de chants, de musiques et de danses, la mudang communique avec les esprits afin de faire des prédictions et des prophéties, effectue des rites de guérison et de protection appelés gut. Durant ces rites, lors d'une transe la mudang est généralement possédée successivement par différents esprits avec lesquels elle communique soit pour les apaiser lorsqu'ils sont contrariés ou offensés soit pour les chasser lorsqu'ils sont néfastes, soit encore elle les invite à s'installer lorsqu'ils sont bienveillants.

글
한국어 번역
강노을 Kang Noh-eul
프랑스어 번역
안드레 Andrée Ahn
육지은 Yuk Ji-eun

그림
심민지 Sim Min-ji

아리따운 귀신의 유혹
La tentation du succube

어느 날 채생이라는 선비가 장시간 공부에 지친 나머지 부드러운 밤 공기나 쐴 겸 집 밖으로 나왔다. 은은한 달빛은 사람이 거의 없는 거리를 비추고 있었고, 채생은 발길 닿는 데로 걷고 있었다
그 순간, 그는 선녀처럼 아름다운 여인과 맞닥뜨렸다. 그는 그녀에게 한눈에 반하고 말았다. 길을 잃은 듯 보이는 그녀를 돕기 위해 용기를 내어 말을 걸었다. 그러나 막상 그녀에게 말을 걸려고 보니 머릿속이 혼미해졌다. 의례적인 말을 건네다 밤 공기를 언급했다가, 달빛의 아름다움에 감탄했다가 여인의 미모를 칭찬하는 등 온통 뒤범벅되어 제대로 말을 할 수 없었다. 여인은 이 선비가 이 자신의 아름다움에 도취해 있는 것을 첫눈에 알 수 있었다. 그는 얼굴이 붉어진 채 욕망이 가득한 얼굴로 그녀를 바라보았다.

Il y a très longtemps, lorsque les tigres fumaient la pipe, le jeune lettré Chae, lassé de ses longues heures d'études, était un soir sorti de chez lui pour profiter de la douceur de la nuit. La lune versait sa douce clarté dans la rue quasi déserte et Chae y marchait en quête d'aventure.
Soudain, il croisa une très jolie jeune femme, aussi belle qu'une fée, il en était à la fois ébloui et hébété. Mais comme elle semblait un peu perdue, il osa l'aborder pour lui porter secours. C'était du moins son intention car lorsqu'il s'adressa à elle, la confusion emplit ses pensées et il ne put bredouiller qu'un salmigondis de mots où se mélangeaient les formules de politesse d'usage, la douceur dus oir, la beauté de la lune et celle de la jeune femme. Dès le premier regard, la jeune femme remarqua que ce jeune lettré n'était pas insensible à ses charmes. Il la regardait avec tant de désir que ses joues rosirent.

그러한 그가 꽤 마음에 들었던 그녀는
그에게 수줍은 시선을 보내며 말을 걸었다.
"어디의 뉘 신지요?"
"저는 궁에서 멀지 않은 곳에 사는 채씨 가문의 사람입니다."
여인의 눈에 들었다 생각한 선비가 대답했다.
"그럼 양반이시군요!"
감격한 여인이 부드러운 목소리로 말했다.
"만나 뵙게 되어 정말 다행입니다.
저는 저 돌다리 건너에 사는데 길을 잃고 말았답니다.
그곳까지 저를 데려다 주실 수 있으신지요?"
젊은이는 몹시 기뻤다. 이는 다시없을 기회였다.
"밤이 깊은 데다 댁으로 가시는 골목길이 위험해 보이는군요.
저를 만나셔서 천만다행입니다. 걱정하지 마세요.
제가 댁까지 모셔다 드리겠습니다."
여인의 안내에 따라 그들은 마을을 지나 얕은 개울을 지나고
채생은 가본 적 없는 오솔길로 접어들었다. 1리쯤 갔을때, 집 한 채가 나타났다.
번쩍거리는 기와로 덮인 으리으리한 저택이었다.

Mais d'envie, elle lui lança un timide regard avant de lui demander :
"Qui ai-je l'honneur de rencontrer ?"
"Je suis de la famille des Chae dont la demeure s'élève près du palais, répondit le jeune lettré pensant impressionner la jeune femme."
"Vous êtes donc un gentilhomme ! lança émue la femme d'une voie douce. Je suis heureuse de vous rencontrer. Voyez-vous, je me suis égarée, j'habite une des maisons de l'autre côté du pont de pierre.
Pourriez-vous me raccompagner et m'escorter jusque là ?"
Le jeune Chae était aux anges, l'occasion était trop belle et pareille aventure était exceptionnelle.
"Il est très tard, et les venelles qui mènent à votre logis ne sont pas sûres. Vous avez de la chance d'être tombée sur moi. Ne craignez rien, je vous accompagnerai jusqu'à chez vous."
Ils traversèrent la ville, passèrent le gué et sur les indications de la jeune femme empruntèrent un sentier que le jeune Chae ne connaissait pas. Au bout d'un li*, une maison apparut. C'était une grande et haute résidence couverte de tuiles vernissées.

"아 바로 여기가 제가 사는 곳이옵니다."
채생은 놀라지 않을 수 없었다.
이렇게 부유한 집에 사는 것을 보면
그녀 또한 부유한 가문의 딸임이 틀림없었다.
그런데 더 놀라운 것은 마을 주변에
이렇게 멋진 집이 있다는 것을
들어본 적이 없다는 사실이었다.
여인은 그에게 잠시 조용히 기다려 달라 손짓하였다.
그는 여인과의 인연이 여기서 끝난 것이 아니라는 생각에 내심 기뻐하며
그리 하겠다 대답했다. 그리고 그녀는 집안으로 사라졌다.
한 시간이 흘렀으나 여인을 삼킨 문은 여전히 굳게 닫혀 있었다.
어떤 인기척도, 어떤 소음도 벽 너머로 들리지 않았다. 선비는 점점 초조해 지기 시작했다.
'이런 낭패가 있나. 위험을 무릅쓰고 집까지 데려다 줬더니 이제 이렇게 내팽개쳐 놓는 건가.'
그가 막 집으로 돌아가려고 결심했을 때 문이 열리더니 계집종이 머리를 쑥 내밀었다.
이쪽저쪽 살펴, 길가에 아무도 없음을 확인하더니 이윽고 젊은이에게 속삭였다.
"들어오시지요 나리, 주인마님이 기다리십니다." 채생은 두말 않고 집안으로 들어갔다.

"Voilà, nous sommes arrivés chez moi, cette maison est la mienne."

Chae n'en revenait pas, la jeune femme devait appartenir à une riche famille pour habiter une maison si cossue. Mais le plus surprenant, était qu'il ne connaissait pas cette magnifique demeure bâtie aux portes de la ville. D'un geste de la main, la jeune femme lui indiqua d'attendre un moment en silence. Il acquiesça, plein d'aise que l'aventure ne s'achevât pas à cette porte. Puis elle disparut dans la maison.

Une heure s'écoula, la porte qui avait avalé la jeune femme demeurait close. Aucun signe de vie, aucun bruit ne transperçait les murs. Le jeune lettré commençait à perdre patience.

'Quelle guigne ! pensa-t-il. Elle s'est servie de moi pour la raccompagner chez elle en toute sécurité et maintenant qu'elle est arrivée à ses fins, elle me laisse en plan.'

Il venait juste de se décider à rebrousser chemin pour retourner chez lui quand la porte s'ouvrit, une femme de chambre sortit la tête, regarda à droite et à gauche pour s'assurer que la rue était déserte et souffla au jeune homme : "Entrez Monsieur, ma maîtresse vous attend."

Le jeune Chae ne se le fit pas répéter deux fois et s'engouffra à l'intérieur de la demeure.

여인의 넓은 방은
매우 호화로웠다. 가구와
함들은 나전으로 마감되어 있었다.
어느 대가 중 하나가 그린 듯한 수묵화가
멋지게 그려진 병풍이 방 한 켠에 놓여져 있었다.
그리고 여주인은 마치 공주와 같은 자태로 진수성찬이 차려진
상 앞에 앉아있었다.
"나리, 너무 오래 기다리게 하여 송구합니다.
이리 오셔서 좀 드시지요." 여인이 말했다.
채생은 꿈인가 생시인가 구분이 가지 않았지만, 너무도 생생한 광경이었다.
그가 여인 옆에 앉으니, 그녀는 술을 한잔 따라주며 자신의 이야기를 하기 시작했다.

La vaste
chambre de la jeune
femme était somptueuse.
Meubles et coffres étaient marquetés de nacre.
La peinture à l'encre d'un magnifique paravent
dans un coin de la pièce semblait avoir été exécutée
par l'un des plus grands artistes. Mais surtout, telle une princesse,
l'hôtesse se tenait assise derrière une table dressée des mets les plus délicats.
"Monsieur, je vous ai fait attendre bien longtemps, je m'en excuse, déclara la jeune femme.
Venez donc auprès de moi vous restaurer."
Chae vivait comme dans un rêve, pourtant tout ce qu'il voyait était bien réel.
Il s'assit à côté de la jeune femme, elle lui versa une coupe d'alcool et puis elle lui raconta son histoire.

"저는 어린 아이였을 때 부모님을 여의었답니다.
그 이후로 유모를 의지하여 살고 있지요. 이곳은 소일거리가 거의 없는 데다
오늘은 평소보다 더 적적했던 차에 유모와 함께 산책을 나간 길이었습니다.
그런데 갑자기 어두운 골목에서 마차 하나가 미친 듯이 달려 나와 저희를 덮치지
않았겠습니까. 피신하고자 황급히 달려나간 탓에 유모와 헤어져 길을 잃게 된 것이랍니다.
덕분에 무사히 집으로 돌아 올 수 있었습니다. 나리는 저의 생명의 은인이십니다."
"당치 않은 말씀이십니다. 다른 사람이라도 마땅히 그리 했을 테지요."
채생은 술잔을 홀짝이며 겸손하게 대답했다.

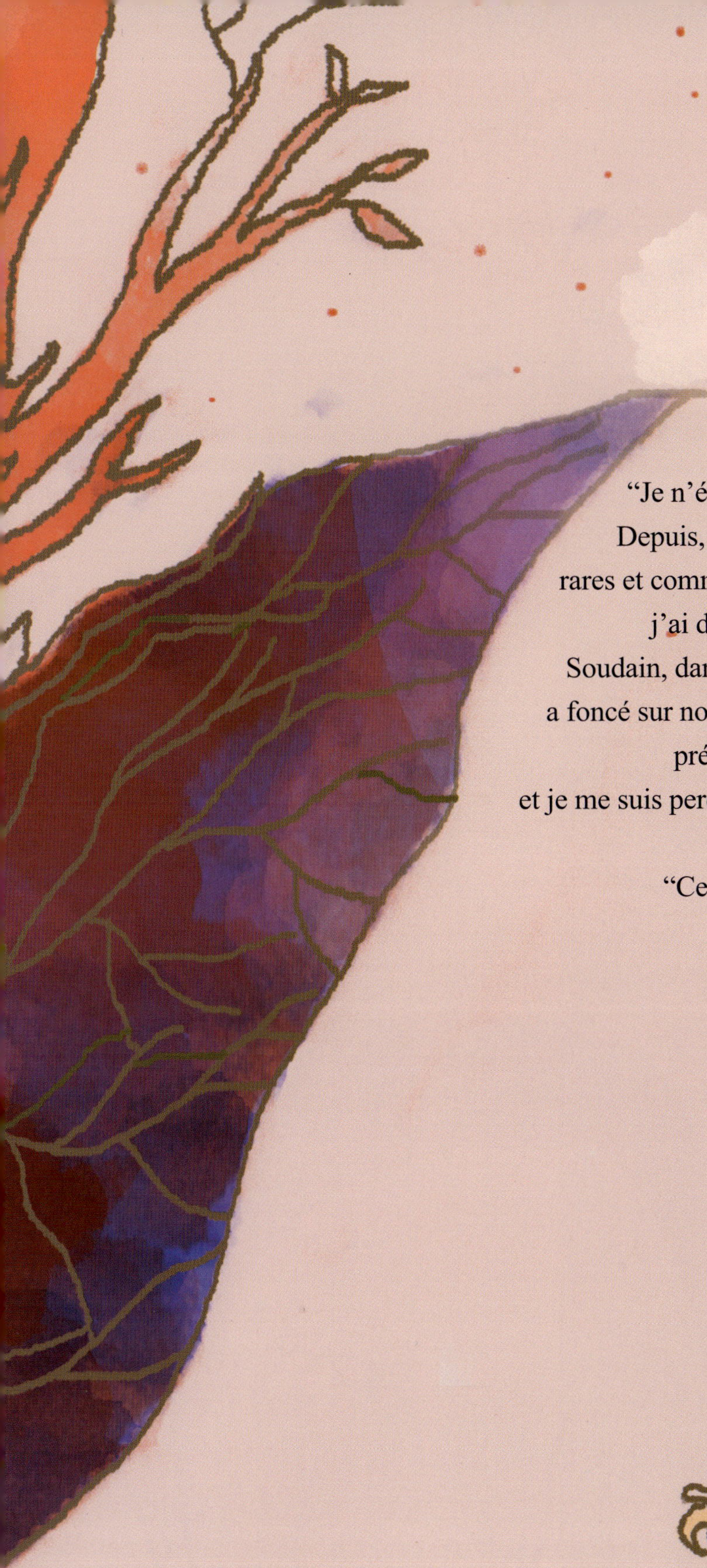

"Je n'étais qu'une enfant quand mes parents sont morts. Depuis, je vis ici avec ma nourrice. Les distractions sont rares et comme ce soir je m'ennuyais plus qu'à l'accoutumée, j'ai décidé de me promener en ville avec ma nourrice. Soudain, dans une de ces ruelles sombres, une charrette folle a foncé sur nous. J'ai couru me mettre à l'abri, mais dans cette précipitation ma nourrice et moi avons été séparées, et je me suis perdue. Grâce à vous, j'ai pu retrouver mon chemin. Vous êtes mon sauveur."

"Ce n'est rien, répondit le lettré Chae avec modestie, en sirotant une autre coupe d'alcool. Tout autre gentilhomme en aurait fait de même."

두 사람은 대화를 나누고 웃고 마시며 꽤 오랫동안 함께 시간을 보냈다.
그리고 밤이 깊어 집으로 돌아가려 하였을 때 그간 마신 술 탓에 한 발짝도 옮기기 힘들었다.
"이 상태로 집을 나서시는 것은 무리이옵니다. 나리께서 취하신 채로 제 집에서
나가시는 것을 누군가 보기라도 한다면, 저를 어떻게 생각하겠습니까?
차라리 제 집에서 하룻밤을 묵으시요."
"그리 말씀하시면 당연히 따라야지요." 욕망으로 가득 찬 두 눈을 반짝이며 젊은이가 말했다.
"그리고 낭자만 허락한다면 내 그대와 함께 이곳에 머물고 싶습니다."
계집종이 들어와 바닥에 금침을 깐 후 두 사람을 위해 자리를 피해 주었다.
이윽고 등잔불이 꺼지고, 채생이 여인의 허리를 휘어 감았다.
이윽고 여인이 그의 품에 안겨 왔다.

Ils discutèrent, rirent et burent une bonne partie de la nuit.
Puis comme il se faisait tard, le lettré Chae fit mine de vouloir partir,
mais avec tout l'alcool qu'il avait bu, c'est à peine s'il pouvait
mettre un pied devant l'autre.
"Vous ne pouvez pas quitter ma maison dans cet état,
déclara la jeune femme. Que pensera- t-on de moi si quelqu'un
vous voit sortir ivre de ma demeure.
Il vaut mieux que vous restiez dormir ici."
"Vos désirs sont des ordres"
répondit le jeune lettré les yeux brillants de désir.
"Et si vous le voulez, j'aimerais vivre avec vous."
La femme de chambre déroula un matelas sur le sol,
arrangea les couvertures et laissa les deux amoureux.
La lampe fut soufflée, il l'embrassa et elle lui ouvrit
la porte de ses trésors.

이른 새벽, 채생은 으르렁거리는 천둥소리에 눈을 떴다. 땅이 흔들리고 온 세상이 무너지고 있었다. 눈앞에 펼쳐진 광경에 그는 눈이 휘둥그레졌다. 그가 밤을 지새운 저택의 벽이 모두 사라지고 없었다. 그는 다리 아래 다 썩은 거적때기를 뒤집어쓰고 있었다.
천둥이 우르릉거리는 소리는 제대로 포장되지 않은 돌다리 위를 지나는 말수레 소리였다.
망연자실하여, 그는 어떻게 이 역겨운 수렁에 빠지게 되었는지 기억 속에서 헤매기 시작했다.
그러나 머릿속에는 부드러웠던 비단 금침과 여주인의 품이 떠오를 뿐이었다.
그는 쓰레기 더미에서 비틀거리며 일어나 그곳에서 벗어났다.

Au petit matin, le jeune lettré Chae fut réveillé par un roulement de tonnerre fracassant. Le sol tremblait, le monde s'écroulait. Il écarquilla les yeux à la vue du spectacle qu'il voyait.Les murs de la riche demeure où il avait passé la nuit avaient disparu. Il était sous un pont, sur une natte de paille putride.
Le grondement de tonnerre était une carriole brinquebalante sur la chaussée mal pavée du pont.
Hébété, il fouilla dans sa mémoire, quels évènements avaient pu le conduire dans ce cloaque nauséabond. Mais il ne se souvenait que de la douceur des draps de soie et des bras de son hôtesse.
Il bondit sur ses jambes et titubant parmi les immondices, il fuit l'endroit.

정신이 나간 사람처럼 간밤의 저택을 찾기 위해 한참 동안 온 마을을 돌아다녔으나 허사였다. 결국, 피곤함에 지쳐, 집으로 돌아가기로 했다. 그는 마을에서 제일가는 침술사와 무당을 불렀다. 침술사는 그의 몸의 모든 혈점에 적어도 백 개가 넘는 침을 놓았다. 무당은 사방에 부적을 붙이고 신들린 채 긴 퇴마의식을 거행했다. 그는 이렇게 하여 다시 기력을 되찾았고 그 이후로 이 아름다운 귀신은 다시는 나타나지 않았다.

Comme un détraqué, il erra un bon moment dans la ville, cherchant en vain la riche demeure de la veille. Finalement, abruti de fatigue, il se résigna à revenir chez lui où il fit venir le meilleur acupuncteur et la plus fameuse mudang* de la ville.
Le guérisseur lui appliqua au moins une centaine d'aiguilles sur tous les points énergétiques de son corps. La mudang colla, aux quatre directions, transcriptions magiques et talismans sur les murs, entra en transe et exécuta une longue cérémonie d'exorcisme. Il recouvra ainsi son énergie vitale, et depuis lors, cette succube, aussi belle fut-elle, ne revint plus jamais.

Gayageum (가야금) est un instrument de musique traditionnel coréen dont les cordes sont pincées ou frappées.

Ha-in (하인), ce prénom masculin signifie « domestique ».

Hanseong (한성, 漢城) est un ancien nom de Séoul lors de la période Joseon (1392 à 1910).

Joseon (조선): que l'on peut traduire par : « pays du matin frais » est le nom donné au royaume de la dynastie Yi qui régna de 1392 à 1910.
Cette période se caractérise par l'instauration d'une administration centralisée et la mise en place du confucianisme comme philosophie d'Etat.

Kisaeng (기생), les kisaeng dames de courtoisie. Ces jeunes femmes recevaient une formation artistique (peinture, calligraphie, poésie, musique, danse …)
dans le but de divertir les yangban. Certaines Kisaeng ont été de véritables femmes de lettres.

Makgeolli (막걸리) : alcool de riz traditionnel très populaire en Corée obtenu par fermentation.

Mudang (무당) est le nom coréen donné aux chamanes. Le chamanisme est une tradition ancestrale qui demeure encore aujourd'hui un élément important de la culture coréenne. Cet ensemble de croyances et de superstitions,
n'est pas à proprement parlé une religion. Le chamanisme coréen est officié par une mudang (le plus souvent une femme), grâce à des cérémonies parfois longues et compliquées, composées de chants, de musiques et de danses,
la mudang communique avec les esprits afin de faire des prédictions et des prophéties, effectue des rites de guérison et de protection appelés gut. Durant ces rites, lors d'une transe la mudang est généralement possédée successivement par différents esprits avec lesquels elle communique soit pour les apaiser lorsqu'ils sont contrariés ou offensés soit pour les chasser lorsqu'ils sont néfastes, soit encore elle les invite à s'installer lorsqu'ils sont bienveillants.

Ohk (옥) est une prénom féminin qui signifie jade.

Seonjo (선조, 1552-1608) est le quatorzième roi de la période Joseon.

Yangban (양반) est une personne appartenant à la noblesse coréenne.

글
한국어 번역
강노을 Kang Noh-eul
프랑스어 번역
이나은 Lee Na-eun
박지원 Park Ji-won

그림
박정서 Park jeong-seo

귀신의 질투
La revennante jalouse

조선 시대에 복을 타고난 신익성이라는 양반이 살고 있었다. 그는 좋은 집에서 태어나 재능과 수려한 외모를 겸비하여 선조의 셋째 딸인 정숙 옹주를 아내로 맞이하게 되었다. 이렇게 왕가의 사람이 되어 그의 미래는 보장되었고 부족함 없이 살게 되었다. 행복에 겨워, 그는 서둘러 옹주의 행복을 약속하였고 혼례식은 호화스럽게 치러졌다.
몇몇 소문에 의하면 신익성은 방탕했고 이 같은 사실을 혼인 전에 은폐했다는 소문이 있었다. 사회적으로 출세했음에도 그의 성격은 전혀 바뀌지 않았다. 곧 그는 예전보다 더 자주 환락가를 들락거렸다. 새벽이 될 때까지 술을 마시고, 기생과 놀아나며, 돈을 물 쓰듯이 썼다. 그의 이러한 방탕한 생활이 궁중 첩자들에 의해 정숙 옹주의 귀에 들어가는 것은 시간문제였다. 옹주는 익성과 대화를 나누어 이성을 되찾게 하려 하였으나 익성에게 있어 자신의 부인 얼굴에 먹칠을 한다는 사실은 별로 중요한 일이 아니었다. 그는 개의치 않고 이 방탕한 생활을 계속했다.

A l'époque Joseon*, un yangban* du nom de Shin Ikseong était béni par la providence. Possédant la grâce et la beauté des hommes bien nés, il allait prendre pour épouse la princesse Jeongsuk, troisième fille du roi Seonjo*. En entrant ainsi dans la famille royale, il assurait son futur et se mettait définitivement à l'abri du besoin. Radieux, il promit à la hâte de faire le bonheur de la princesse et des noces fastueuses furent célébrées.
Shin Ikseong avait, selon certaines rumeurs, une réputation de libertin qu'il avait réussi à étouffer avant son mariage. Sa nouvelle ascension sociale n'arrangea en rien ce trait de sa personnalité. Très vite, il se remit à fréquenter encore plus frénétiquement qu'auparavant les lieux de plaisir, buvant tout son soûl, s'amusant avec des kisaeng* jusqu'à l'aube et dépensant sans compter. Il ne fallut pas attendre longtemps pour que des espions de la cour fissent écho de ces bacchanales, à la princesse Jeongsuk. Elle s'entretint avec Ikseong, tenta de le ramener à la raison, mais peu importait pour lui de faire perdre la face à son épouse. Il n'en avait cure et persistait dans cette vie de débauché.

어느 날, 저녁 무렵 하인을 대동한 우리 양반 나리께서 기생집에 가기 위해 장터를 지나고 있었다. 그의 시선이 어느 아름다운 처자에게 멈췄을 때, 그는 소란스런 거리를 재빨리 가로질렀다. 그녀는 마치 물살에 휩쓸려온 진흙 위의 연꽃처럼 아름다웠다. 그녀는 흑옥같이 검은 긴 머리에 진주같이 뽀얀 얼굴을 하고 있었다. 찰나였으나 그는 곧바로 그녀의 꾸밈없는 아름다움에 사로잡혀 버렸다. 순식간에 강렬한 감정에 사로잡힌 그는 그녀를 쫓기 위해 발걸음을 재촉했다. 얼마간의 미행 끝에 그녀는 초라한 집 안으로 들어갔다.
익성은 발길을 돌렸지만, 여인의 매력에 사로잡혀 이 신비로운 여인에 관한 생각을 거둘 수 없었다. 그는 뜬 눈으로 밤을 지새웠다. 다음 날 아침, 그는 하인을 시켜 이 여인의 신분을 알아오게 했다. 하인은 잠시 뒤 돌아와 익성에게 공손히 말했다.

Une fin d'après-midi, accompagné de son domestique Ha-in*, notre yangban passa par le marché pour se rendre dans une maison de kiseang*, quand son regard s'arrêta sur une belle femme, marchant rapidement dans le tumulte de la rue, tel un lotus au dessus de la fange, emporté par le courant. Elle avait de longs cheveux noirs de jais et le teint nacré d'une perle. Bien qu'il ne l'aperçût qu'un bref instant, il fut immédiatement frappé par sa beauté sans artifice. Son sang ne fit qu'un tour et il accéléra l'allure pour la suivre. Quelques minutes plus tard, elle entra dans une modeste petite bâtisse. Ikseong reprit son chemin, mais comme ensorcelé par cette apparition, il ne pût détourner ses pensées de cette mystérieuse beauté. Il n'en ferma pas l'œil de la nuit. Le lendemain matin, il pressa le finaud Ha-in d'aller enquêter sur l'identité de la jeune femme. A son retour, le domestique déclara avec déférence :

"대감, 조사한 바로는 이 처자의 이름이 옥이라 하옵니다. 어미와 함께 가난하게 살며 아직 지아비가 없다고 하니 분명히 대감의 첩이 되는 것을 허락할 것입니다."

"잘했구나! 하인아, 가서 내 이야기를 전하여 이를 승낙할 것인지 물어보아라. 만약 네 놈이 잘 만 한다면, 그 아이는 오늘 저녁부터 나와 침소에 들 수 있을 거다."

양반이 거드름을 피우며 말했다.

하인은 서둘러 궁을 나섰고 처자와 함께 돌아왔다.

"Maître, je me suis renseigné sur cette jeune femme. Elle s'appelle Ohk*. De condition modeste, elle vit seule avec sa mère. On m'a rapporté qu'elle n'était pas encore mariée, elle accepterait donc sûrement de devenir votre concubine*."

"Fort bien, Ha-in ! Va te présenter à elle de ma part, et demande-lui si un tel accord lui conviendrait. Si tu te débrouilles bien, elle dormira dans mon lit dès ce soir." répondit le yangban d'un air fat.

Ha-in s'empressa de quitter le palais, et quand il fut de retour, il était accompagné de la jeune femme.

익성은 자신의 눈을 믿을 수 없었다. 그의 눈은 역시 정확했다. 그녀는 그가 짐작했던 것보다 훨씬 더 아름다웠다. 그녀의 행색은 초라하였으나 비할 데 없는 타고난 아름다움이 그녀에게서 뿜어져 나오고 있었다. 그녀의 얼굴은 봄날 아침 이슬의 싱그러움을 연상케 했다. 대기실에서 그녀는 익성에게 자신을 소개했다. 눈을 내리깔고 정중하게 인사한 후 실낱같이 가느다랗고 부드러운 목소리로 말했다.

"대감, 저는 지아비도 없고, 아버지가 돌아가신 후 어머니와 입에 겨우 풀칠하며 살고 있습니다. 만약 저를 거두어 주신다면 저는 곧바로 대감의 사람이 될 준비가 되어있습니다."

여인의 말을 들은 익성은 기쁨을 감추지 못했다. 그는 옥이의 순수함과 순결함에 매혹되었다.

"내 그리 하겠다! 이제부터 천민의 생활은 잊거라, 당장 집에서 나와 궁으로 들어오거라, 내 곧 너를 부르마."

말을 하자마자 양반은 그의 처소를 향해 몸을 틀었다. 그는 이미 오늘 밤에 취할 여인의 부드러운 살결을 떠올리고 있었다. 사랑을 나눈 그들은 잘 어울리는 한 쌍의 원앙과도 같았다. 신익성은 조금이라도 기회가 보이면 첩인 옥이를 자신의 곁으로 불러들였다. 옥이는 익성을 정말로 사랑했다. 그녀는 익성에게 자신이 그가 사랑하는 단 한 사람인지 자주 물었고 익성은 단지 고개를 끄덕일 뿐이였다.

Ikseong n'en croyait pas ses yeux : il ne s'était nullement trompé, elle était aussi belle qu'il l'avait deviné! Sa mise était fort modeste, mais une beauté naturelle sans comparaison irradiait d'elle. Son visage évoquait la fraîcheur de la rosée matinale au printemps. Dans l'antichambre, elle se présenta à Ikseong, les yeux baissés, le salua avec beaucoup d'égards, puis lui déclara d'un doux filet de voix :

"Monsieur, je n'ai pas de mari, nous survivons péniblement, ma mère et moi, depuis que notre père a quitté ce monde. Aussi, si vous le désirez, je suis prête à vous donner ma main immédiatement."

Ikseong, à l'écoute de ces paroles, ne laissa pas paraître son extrême contentement. Toutefois, il était aux anges, émoustillé par l'innocence et la pureté dégagée par Ohk.

"Qu'il en soit ainsi ! Oublie la vie du bas peuple, tu peux emménager dans tes appartements tout de suite. Je te retrouverai tout à l'heure."

Sur ces mots, le yangban* s'en retourna vers ses appartements, songeant déjà aux délices de la chair que la nuit présageait. L'union fût consommée, et les deux tourtereaux s'entendaient à merveille. Shin Ikseong faisait appeler auprès de lui sa concubine Ohk à la moindre occasion. Ohk, quand à elle, était réellement éprise d'Ikseong ; à tel point qu'elle lui demandait souvent si elle était la seule qu'il aimait, ce à quoi Ikseong se contentait de répondre en acquiescant de la tête.

우리는 종종 누가 옳건 그르건 간에 남자와 여자가 사랑하는 방식은 다르다고 말한다. 하늘 위의 구름처럼 변덕스러운 마음을 가진 익성이었기에 그의 사랑은 삽시간에 끝났다. 참신한 매력은 사그라져 가고 이제는 그 자리를 권태에게 조금씩 내어주고 있었다. 익성은 옥이와 함께 있는 것이 지루해지기 시작한 반면에 익성에 대한 옥이의 마음은 날이 갈수록 견고해져 갔다. 감정적인 유대감이 없이 삶을 살아가는 오만한 그였기에 옥이의 이러한 관심과 사랑은 그의 숨통을 죄어 왔다. 마침 지역 간의 다툼을 해결하기 위해 수도를 벗어나야 했을 때 그는 매우 기뻤다.
"시골공기를 쐬는 게 나에게 큰 도움이 될 것이오." 라고 부인과 첩에게 말했다.

On dit souvent, à tort ou à raison, que les hommes et les femmes aiment différemment. Dans le cœur volage d'Ikseong, tel un nuage dans le ciel, l'amour était vite passé. L'attrait de la nouveauté s'était évanoui et avait peu à peu laissé place à la lassitude. Il commençait à s'ennuyer en compagnie d'Ohk, tandis que les sentiments de la concubine gagnaient en solidité jours après jours. Lui qui plaçait beaucoup d'orgueil dans le fait de vivre sans attaches sentimentales, se sentait comme étouffé par l'amour et l'attention que lui portait Ohk. Aussi, lorsqu'il fût appelé hors de la capitale pour régler quelque conflit local, il en fût enchanté.
"L'air de la campagne me fera le plus grand bien !" déclara-t-il à son épouse et à sa concubine.

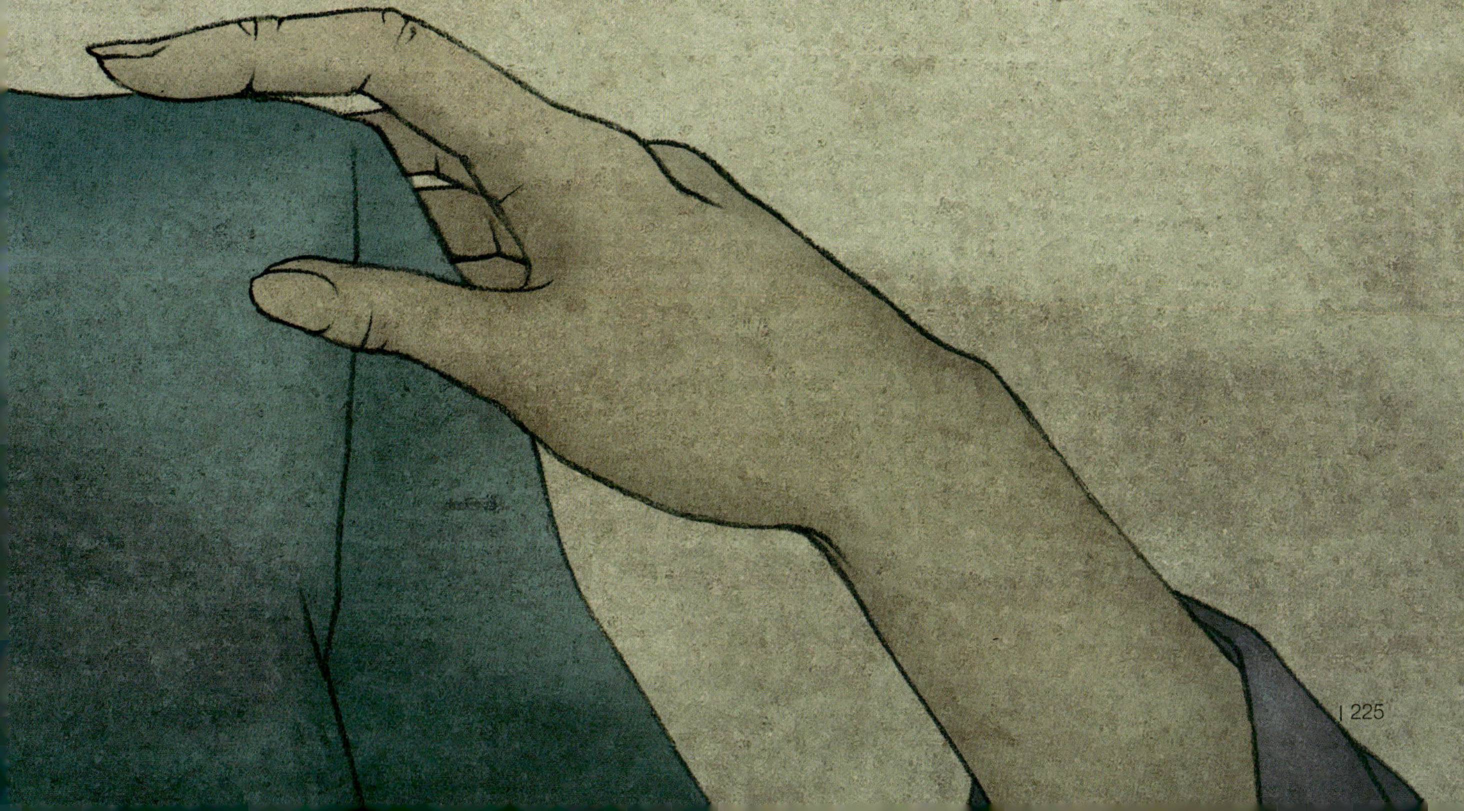

그는 강원도의 원주로 가 도지사의 거처에 짐을 풀자마자 여흥거리를 찾아 나섰다. 원주에는 마침 궁 안에서도 소문이 자자한 유명한 기생집이 있었다. 사람들이 말하기를, 그곳에는 가야금 연주에 탁월한 실력을 겸비한 미색이라는 기생이 있다고 하였다. 그는 읍내의 행상무리들에게 길을 물어 이 유명한 곳을 조사하기 시작했다. 그는 수많은 홍등이 빛나는 대저택 앞을 지나게 되었다. 그곳에서는 홍겹고 떠들썩한 소리가 흘러 나오고 있었다. 이곳이 바로 그가 찾던 곳임이 틀림 없었다. 그는 안쪽에 자리를 잡고, 막걸리 한 사발을 들이킨 다음에 이제 막 시작하는 공연을 주의 깊게 쳐다보기 시작했다. 기생들은 궁정 풍의 노래에 맞춰 우아하게 춤을 추었다. 그는 곧 기생들 사이에서 미색을 알아 보았다. 미색은 나른하게 현을 뜯었다. 그녀가 생기를 불어넣은 은은한 음색이 방안의 무거운 공기를 가로질렀다. 미색의 아름다움은 옥이의 그것에 비해 전혀 뒤떨어지지 않았고 심지어 옥이보다 더 어리기까지 했다. 미색에게는 옥이에게 없는 꾸밈새와 세련됨이 있었다. 익성은 그 자리에 있던 모든 사내들처럼 그녀의 아름다움에 매료되어 마음이 흔들렸다.

Il se rendit donc à Wonju, dans la province du Gangwon ; et à peine installé dans ses quartiers à la résidence du préfet, il sortit en quête d'amusement. Il y avait justement à Wonju une maison de kisaeng dont il avait entendu des louanges à la cour. On lui avait dit qu'une des courtisanes qui s'y produisait, du nom de Misaek, possédait un talent exceptionnel au gayageum*. Il se mit en quête de ce lieu renommé, se frayant un chemin parmi la cohorte de vendeurs ambulants du centre-ville. Il passa devant une grande maison éclairée par de nombreuses lanternes rouges, et d'où semblait émaner une joyeuse rumeur. Sans nul doute, il devait s'agir de l'établissement en question. Il prit place à l'intérieur, et après avoir vidé un premier bol de makgeolli*, son attention se concentra sur la représentation qui allait débuter. Les kisaeng dansaient gracieusement, en suivant la mélodie d'une chanson courtoise. Immédiatement, il reconnut Misaek parmi les courtisanes. Elle pinçait langoureusement les cordes de son instrument, donnant vie à des notes délicates qui perçaient l'air lourd de la salle. Misaek était d'une beauté en tout point comparable à Ohk, mais plus jeune, plus apprêtée, et d'un raffinement qui faisait défaut à la première concubine. Le volage Ikseong était subjugué, tout comme le reste de l'assemblée masculine.

공연이 끝난 후 그는 기생에게 자신을 따로 만나줄 것을 요청했다. 그녀가 들어와 미주를 한잔 따르더니 그의 맞은편에 앉았다. 매혹적인 미소가 그녀의 백옥같은 얼굴을 밝혀 주었다. 기다릴 것 없이, 술이 얼큰하게 취해 대담해진 익성은 그녀에게 곧바로 수작을 걸었다.

"아름다운 여인이여, 이 시골바닥을 떠나 궁중의 호사를 누려보지 않겠느냐? 내 첩이 된다면 그 모든걸 이루어 주마."
미색에게 이 제안은 자신의 기생생활을 청산할 수 있는 좋은 기회였다. 따라서 망설임 없이 승낙했고 그들의 합의는 이루어졌다.

Après le spectacle, il demanda à rencontrer la kisaeng en privé, dans une petite pièce à l'écart. Elle entra, lui servit une coupe d'alcool de riz, et s'assit en face de lui, un ravissant sourire éclairant son blanc visage. N'y tenant plus, enhardi par l'alcool, Ikseong lui annonça directement ses intentions :

"Ma belle, que dirais-tu de quitter la province pour les fastes du palais royal de la capitale ? Deviens ma concubine, et l'affaire sera entendue !"
Cette proposition offrait à Misaek la possibilité de quitter sa position de courtisane. Aussi, sans l'ombre d'une hésitation, elle acquiesça immédiatement et leur accord fut scellé.

3일이 지난 후 익성은 그의 새 첩을 대동하고 수도인 한성으로 돌아왔다. 미색을 본 옥이는 당황하여 어쩔 줄 몰랐다. 그녀는 그의 연인이 이럴 줄 상상도 하지 못했다. 그래도 그녀는 익성을 향한 마음을 저 버릴 수 없었다. 그것에 전혀 개의치 않았던 익성은 그의 대부분의 시간을 매력적인 미색과 함께 보냈다. 그는 옥이를 내버려두고 거의 찾아가지 않았다. 옥이는 그녀의 규방에 홀로 앉아 익성을 목이 빠져라 기다렸다. 또한 외출을 삼가며 하인들도 돌려보내기에 이르렀다. 하지만 상황은 그녀를 더욱더 괴롭게 만들 뿐이었다. 자신의 옆방에서 익성이 서두르는 발자국 소리를 들은 그녀는 밖으로 뛰어나와 그를 끌어안으며 떨리는 목소리로 물었다.

Trois jours plus tard, ce fut accompagné de sa nouvelle favorite qu'Ikseong revint à Hanseong* la capitale. A la vue de Misaek, Ohk fut déconfite. Elle ne s'était jamais fait d'illusions sur son bien-aimé, mais malgré tout, elle n'arrivait pas à réprimer ses sentiments envers lui. Ikseong n'en avait cure, et passait désormais la plus grande partie de son temps avec la séduisante Misaek. Il délaissait Ohk et ne passait presque plus lui rendre visite. Seule dans son boudoir, la première concubine commençait à se morfondre. Elle ne sortait plus de ses appartements privés et renvoyait systématiquement les domestiques qui s'y présentaient. La situation finit par lui peser tellement, qu'un jour, en entendant les pas empressés d'Ikseong dans la chambre attenante à la sienne, elle sortit en bondissant, le saisit par le bras et lui demanda, d'une voix tremblotante:

"대감, 어째서 저를 찾아 주시지 않는 겁니까, 이제 더 이상 저를 사랑하지 않으십니까?"

때 아닌 방해에 짜증이 난 익성은 냉담하게 대답했다.

"너랑 상관없지 않느냐, 날 좀 내버려 두어라!"

옥이는 눈가에 이슬이 그렁그렁 맺혔다.

그녀는 모든 기력과 용기를 짜내 익성에게 힘겹게 속삭였다. 이는 그녀의 마지막 한탄이 될 터였다.

"저보다 미색을 더 사랑하시는 겁니까? 저는 대감 없이는 살 수 없습니다. 이렇게 간청 드리옵니다. 제발 제 곁에 머물러 주시옵소서. 그렇지 않으면 소녀는 죽고 말 것입니다."

격분한 익성은 분노로 가득 찬 눈동자를 이글거리며 그녀에게 최후의 일격을 가했다.

"그래, 미색이 너보다 더 아름답다. 내가 지금 사랑하는 사람은 바로 그 아이야!"

이 말을 들은 옥이는 충격을 받아 입이 다물어 지지 않았다. 그녀의 눈은 멀거니 허공을 향했고, 마치 모든 생명력이 그녀의 육신을 빠져나가 버린 듯한 모습으로 낙담했다. 익성은 마지막 눈길도 주지 않은 채 방을 떠났다. 궁궐 안의 여러 연애에 무심하기로 길든 궁녀들이었지만 옥이에게서만큼은 연민을 느꼈다. 하지만 주인이 두려운 나머지 아무도 입을 여는 사람이 없었다.

"Monsieur, pourquoi ne venez-vous plus partager ma couche ? Ne m'aimez-vous donc plus ?"

Agacé par cette interruption intempestive, Ikseong répondit sèchement :

"Cela ne te regarde pas, sotte ! Laisse-moi tranquille."

Ohk était maintenant au bord des larmes. Elle réunit toute son énergie et son courage pour murmurer péniblement à Ikseong une dernière complainte.

"Aimez-vous plus Misaek que moi ? J'ai besoin de vous, je vous en supplie… Restez près de moi, sinon j'en mourrai…"

Ikseong était maintenant exaspéré. Les yeux gonflés de rage, il lui porta le coup de grâce.

"Oui, Misaek est plus belle que toi. C'est elle que j'aime maintenant !"

Ohk resta la bouche bée, totalement sous le choc des mots qu'elle venait d'entendre. Ses yeux regardaient dans le vague, elle resta prostrée comme si toute vie avait abandonné son corps. Ikseong quitta la pièce sans lui jeter un dernier regard. Les servantes, pourtant habituées à rester de marbre face aux nombreuses intrigues de cour, ressentirent de la pitié pour Ohk. Mais personne ne pipa mot, par crainte du maître des lieux.

다음 날 아침, 하인이 아침 일과를 준비하기 위해 새벽에 나섰을 때, 익성의 정자 맞은편에 있던 늙은 벚나무에 목을 맨 옥이를 발견하였다. 실연의 아픔을 더는 견딜 수 없었던 그녀는 자신의 사랑을 무덤 속에서 간직한 채 결국 생을 마감하기로 했던 것이다. 궁궐 안은 며칠 동안 뒤숭숭했지만 익성은 이 죽음에 대해 아무렇지 않은 듯 보였다. 그리고 갑작스럽게 그는 중병에 걸렸다. 그의 머리맡에 어의를 불러 진찰하게 하였으나 방도가 없었다. 사람들은 무당까지 불러 퇴마의식을 거행했다. 불행히도, 익성의 건강은 눈에 띄게 나빠져 갔다. 그는 이제 누워서 하루하루를 보냈으며 고열과 헛것에 시달렸다.

Le lendemain, lorsqu'Ha-in sortit à l'aube pour préparer les offices de la matinée, il trouva la pauvre Onk pendue sur le vieux cerisier qui faisait face au pavillon d'Ikseong. Ne pouvant plus endurer la douleur de l'abandon, elle avait décidé de mettre fin à ses jours, emportant dans la tombe son amour. La maison fut sans dessus dessous pendant quelques jours, sans qu'Ikseong ne paraisse affecté par cette perte. Puis, soudainement, il tomba gravement malade. On appela à son chevet un médecin, sans résultat. On fit même venir une mudang* qui pratiqua un exorcisme. Inexorablement, la santé d'Ikseong continua à se dégrader à vue d'œil. Il passait maintenant ses journées alité, torturé par des fièvres violentes et des bouffées de délire.

무성한 소문이 궁궐 사람들 사이에서 나돌기 시작했다. 밤 중에 환자의 방 옆을 지날 때면 낮은 목소리, 아마도 여인의 부드러운 목소리로 속삭이는 소리와 대화 소리가 들린다는 것이다. 궁녀 중 하나가 옥이의 목소리였다고 주장하기에 이르렀다. 궁궐이 첫째 첩의 귀신에 씐 것이 분명했다. 그 이후로, 궁녀들은 익성의 방에 가는 것을 피하기에 이르렀다. 하인이 진상을 명백하게 파악하기로 했다. 그리하여 어느 날 밤 그는 익성의 방으로 살금살금 다가가 벽의 창호지에 귀를 바싹 갖다 댔다. 두 사람이 대화하고 있었다.

"뭐니 뭐니 해도, 내가 가장 아끼는 사람은 바로 너이니라."

"대감, 저를 버리시면 안 되옵니다. 영원히 제 곁에 계셔야 합니다."

"당연한 소릴. 내 사랑. 이리 가까이 오너라."

Des rumeurs commencèrent à circuler parmi le personnel de maison : on aurait entendu pendant la nuit, en passant près de la chambre du malade, des murmures, des conversations à voix basses, peut-être une douce voix de femme. Une des servantes jura qu'elle avait reconnu la voix d'Ohk. Le palais devait être hanté par le fantôme de la première concubine ! Désormais, les domestiques évitaient avec précaution d'approcher la chambre d'Ikseong.

Le serviteur Ha-in décida d'en avoir le cœur net. Alors une nuit, , il s'approcha de la chambre à pas de loup et colla son oreille contre le papier verni de la cloison. Deux personnes se parlaient :

"Après tout, tu es celle que je préfère, ma douce et belle O…"

"Monsieur, ne m'abandonnez pas. Restez à mes côtés pour toujours.."

"Bien sûr, mon amour… Approche-toi de moi."

어떤 기괴한 일이 방안에서 벌어지는지 궁금해서 참을 수 없었던 하인은 재빨리 미닫이를 열었다. 그는 공포로 얼어붙었다. 익성은 자리에 누워있었고 그의 창백한 얼굴만이 이불 밖으로 나와 있었다. 그의 곁에는 옥이의 원혼이 서 있었다. 그녀는 여느 때처럼 아름다웠지만, 텅 빈 그녀의 눈빛은 이 세상 것이 아닌 차가움을 지니고 있었고, 그녀의 목 주위에는 목을 매었던 흔적이 남아 있었다. 하인은 공포에 사로잡힌 나머지 자신의 눈으로 본 것을 부정하며 곧 문을 닫았다. 그는 사람들이 자신을 미친 사람 취급할 것이 두려워 그 누구에게도 이 사실을 말할 수가 없었다. 그는 집안사람들에게 대감이 아무도 보고 싶지 않아 한다고 말했다. 다음날이 되어서야 그는 대감의 방으로 돌아가 보기로 하였다. 익성은 여전히 길게 누운 채로 죽어 있었고 원혼은 이미 사라진 뒤였다.

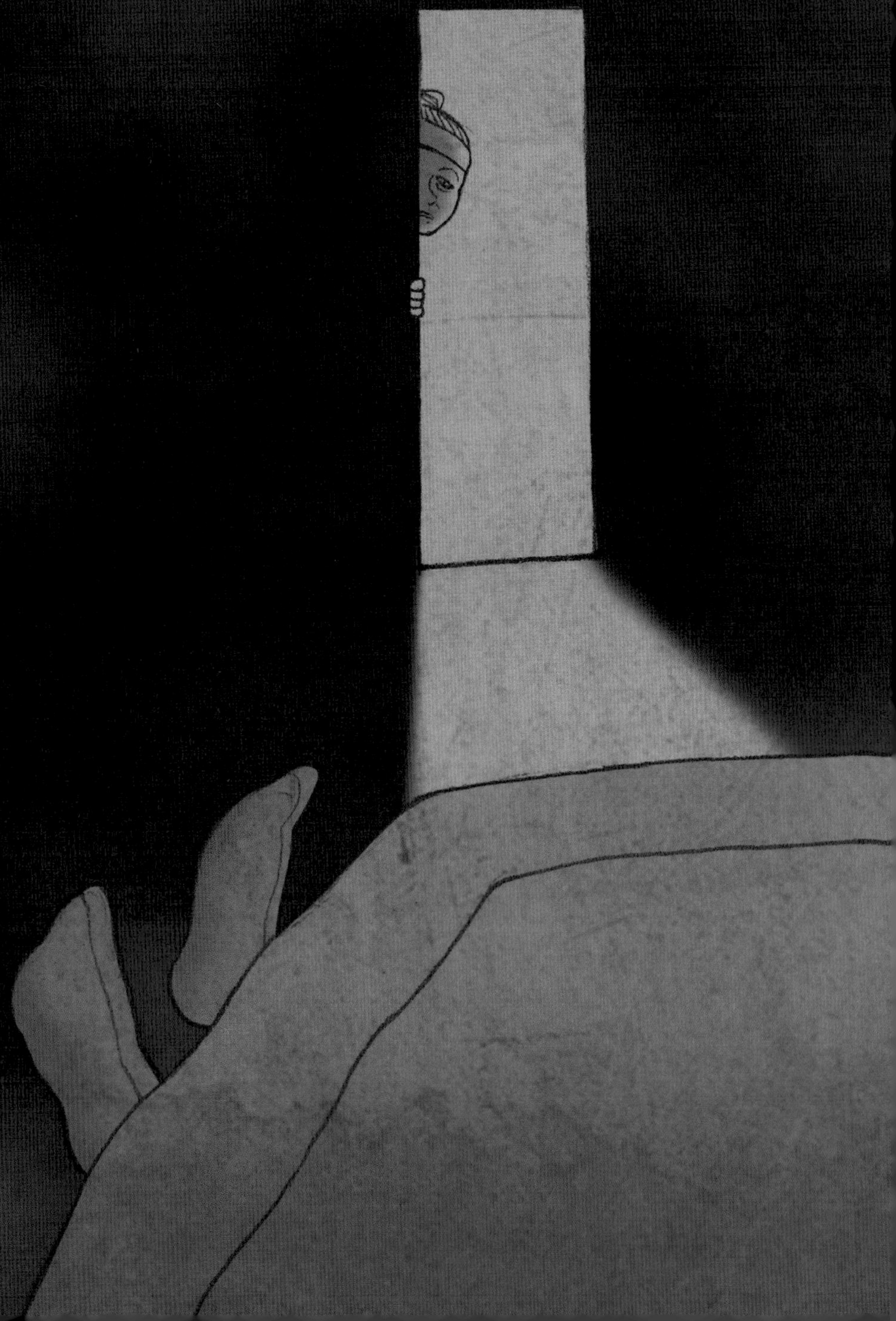

Brûlant de savoir quelle monstruosité était en train de se dérouler dans la chambre, Ha-in tira d'un coup sec le panneau coulissant. Il fut saisi d'effroi. Ikseong était allongé sur sa couche, seul son visage livide dépassait de la couverture. A ses cotés se tenait le spectre d'Ohk, toujours aussi belle, mais le regard vide emprunt d'une froideur surnaturelle, une marque morbide autour du cou. De panique, il referma aussitôt le panneau, refusant de croire ce qu'il avait vu de ses propres yeux. Il ne se sentit pas la force d'en parler à qui que ce soit de peur qu'on le prenne pour un dément. Aussi il déclara à tous que son maître ne souhaitait voir personne. Le lendemain seulement, il se résolut à retourner dans la chambre. Ikseong était mort, toujours allongé, mais le fantôme avait disparu.

Byeongjahoran (병자호란) est le nom donné au conflit entre la Manchourie et la Corée en 1636.

Concubine : jadis, dans la société traditionnelle coréenne, il était d'usage et de bon ton qu'un homme riche et bien né ait plus d'une épouse. On emploie généralement le terme de concubine pour différencier ces femmes de la première épouse.

« ***dormir les jambes allongées*** » : cette expression correspond en français à : « dormir sur ses deux oreilles. »

Hanyang (한양, 漢陽) est un ancien nom de Séoul lors de la période Koryeo (X° au XIV° siècle).

Joseon (조선): que l'on peut traduire par : « pays du matin frais » est le nom donné au royaume de la dynastie Yi qui régna de 1392 à 1910. Cette période se caractérise par l'instauration d'une administration centralisée et la mise en place du confucianisme comme philosophie d'Etat.

Qing (청) : d'origine mandchoue, c'est la dernière dynastie impériale à avoir régné de 1644 à 1912, sur la Chine.

글
한국어 번역
양석범 Yang Seok beom
프랑스어 번역
박지영 Park Ji-won
박혜원 Park Hye-won
박은영 Park Eun-yeong

그림
봉소현 Bong So-hyun

첩의 원혼
Le spectre de la concubine

인평대군은 조선의 17대 왕인 인조의 셋째 아들이다.
청나라와 조선의 전쟁인 병자호란이 청나라의 승리로 끝난 이후
청나라는 소현세자와 둘째 왕자인 봉림대군을 볼모로 삼아
자신들의 나라로 끌고 갔다. 하지만 인평대군은 조선의 수도인 한양에
남을 수 있었고 그곳에서 그는 그의 아버지를 도와 국력 신장에 앞장섰다.
그는 외교적인 이유로 여러 번 청나라에 다녀오기도 했다.
인평대군이 거주하는 궁궐에는 그가 매우 아끼는 '득옥'이라는 아이가 있었다.
그녀는 믿기 어려울 정도로 예뻤다. 그녀의 완벽한 얼굴은 둥근 달 같았고,
입술은 매우 사랑스러웠으며 하얀 이는 가장자리에 고르게 나 있었다.
가늘고 긴 두 눈에서는 아직 어린 순진함이 묻어났다.
우윳빛으로 반들거리는 그녀의 깨끗한 피부는 달콤한 향기를 내뿜었다.
게다가 그녀의 행동은 하나하나가 매우 기품 있었다.
왕자의 정부인인 오씨 부인은 그런 득옥이를 질투하여 매우 가혹하게 대하였다.
왕자는 득옥이를 첩을 삼아 그녀의 행동 하나하나에 비위를 맞추어 주었다.
그로 인해 그녀는 궁궐에서 많은 이득을 보며 생활할 수 있었다.

Le prince Inpyoung était un des frères cadets du dix-septième roi du royaume de Joseon* : le roi Injo. Après la guerre Byeongjahoran* entre le royaume et la dynastie Qing*, les Mandchous, vainqueurs du conflit, emmenèrent de force dans leur pays le prince héritier So-hyun et son cadet, le prince Bonlim. Quant à lui, le prince Inpyoung put rester à Hanyang*, la capitale du Joseon où il entreprit d'aider son père à retrouver sa souveraineté dans le royaume. Cependant, il dut se rendre, à plusieurs reprises, aux royaumes des Qing pour des raisons diplomatiques. Dans son palais, le prince Inpyoung chérissait une jeune courtisane du nom de Deuk-ok. Elle était incroyablement belle. Sur la rondeur lunaire de son visage parfait, d'adorables lèvres délicatement rosées bordaient des dents aussi belles que des perles ; dans ses yeux en amande brillait la candeur de la jeunesse. Sa peau claire comme du lait satiné exhalait un doux parfum. Et pour couronner le tout, chacun de ses gestes exprimait la grâce même. L'épouse légitime du prince, madame Oh, en était verte de jalousie et nourrissait envers elle une haine farouche. Le prince, qui en avait fait une de ses concubines*, ne cessait de flatter la jeune femme pour son attitude et les nombreux services qu'elle rendait au palais.

그럴수록 오씨 부인은 모욕을 느꼈고, 그녀의 원한은 나날이 가슴속 깊이 사무쳐 갔다. 그녀는 득옥이를 미워하면서 사사건건 그녀의 잘못을 찾아내어 궁궐에서 내쫓으려고 했다. 그녀는 어린 첩을 향한 남편의 눈길과 미소를 견딜 수 없었다. 득옥이를 내쫓을 완벽한 구실을 찾지 못할수록 그녀의 분노는 커져만 갔다.

그러던 어느 날, 인평대군이 중요한 업무 때문에 청나라로 떠나게 되어 그의 궁궐을 비우게 되었다. 이것이 오씨 부인에게는 기회였다. 그녀는 궁궐의 최고 권력자가 될 수 있기 때문이다. 그녀의 남편이 떠나자, 그녀는 누구도 신경 쓸 필요가 없어 마음대로 행동하였다.

인평대군이 떠난 다음날, 오씨 부인은 하인에게 지시하였다.

"너는 내일 득옥이를 데리고 영파정으로 오너라. 그리고 그 사실을 아무도 모르게 해라."

영파정은 궁궐의 정원 안쪽, 연못의 가장자리에 세워져 있었다. 그곳은 매우 외지고 드나드는 사람이 없었기에 매우 이상적인 장소였다. 무슨 일이 생기더라도 그것이 오씨 부인의 음모였다는 것을 알 수 있는 사람은 없었다.

Madame Oh se sentait humiliée, le fiel s'insinuait dans son cœur : elle détestait Deuk-ok et cherchait continuellement à la mettre en faute pour la renvoyer. Les sourires et les œillades, que son mari envoyait à la petite courtisane, lui étaient intolérables. Elle en rageait d'autant plus qu'elle n'arrivait pas à trouver de plans assez habiles pour chasser sa rivale.
Un jour, le prince Inpyoung dut quitter Hanyang et son palais, pour une mission importante au royaume Qing. Ce fut une véritable aubaine pour madame Oh.
Enfin, elle devenait la seule maîtresse du palais. Son époux parti, elle ne devrait rendre compte à personne et pourrait agir à sa guise.
Dès le lendemain du départ du prince, madame Oh ordonna à une de ses suivantes :
"Tu viendras demain avec Deuk-ok au pavillon Yeongpajeong.
Et prends garde à ce que personne ne vous suive."
Ce pavillon Yeongpajeong se dressait au fond du parc du palais, au bord d'un étang.
L'endroit était idéal car il était particulièrement isolé et jamais personne ne s'y rendait.
Ainsi, s'il arrivait quelque chose, personne ne pourrait savoir ce qu'elle avait manigancé.

득옥이가 영파정에 도착하자마자 오씨 부인은 득옥이에게 욕설을 퍼부으며
그녀가 정실자리를 빼앗기 위해 자신의 남편을 유혹했다는 사실을 시인하라고 부추겼다.
"이년, 넌 나에게 아무런 할 말도 없는 것이냐?"
오씨 부인이 소리쳤다. 득옥이는 예를 다하기 위해 고개를 숙이고 있었다.
너무 놀란 나머지 몸이 얼어 붙고 다리가 후들거려 단 한마디도 할 수 없었다.
"이런! 이 음탕한 것! 왜 갑자기 벙어리가 되었느냐?
그 더러운 입이 굳기라도 한 것이냐?"
오씨 부인이 한층 더 큰 목소리로 소리를 쳤다.
득옥이 갑자기 무릎을 꿇더니 부인에게 애원했다 .
"부인, 이렇게 빕니다."
그녀는 울면서 간청하였다. 그녀는 자신에게 왜 이러는지 이해할 수가 없었다.
"이 비천한 종을 불쌍히 여겨 용서해 주세요."
"이 음흉한 계집 같으니, 네 죄를 알렷다?"
그녀는 비웃었다.
"한집에 우리 둘이 사는 것은 있을 수 없는 일이다.
네가 죽든 내가 죽든 해야 할 것이야!
그러니까 오늘 결판을 내야 한다!"

Dès que Deuk-ok arriva au pavillon, madame Oh l'accueillit sous un flot d'injures, incitant à mots couverts la jeune concubine à reconnaître qu'elle avait séduit son époux pour lui ravir sa place d'épouse légitime.
"Petite garce, n'as-tu rien à me dire ?" pesta madame Oh.
Mais Deuk-ok, tête baissée dans une attitude pleine de déférence, glacée de stupeur, les jambes tremblantes, ne pouvait prononcer une seule parole.
"Eh bien, dévergondée! Pourquoi deviens-tu subitement muette ?
Ton sale bec s'est-il engourdi ?" gronda madame Oh.
Soudain, la courtisane tomba à genoux et implora sa maîtresse.
"Je vous en supplie Madame, sanglota la jeune femme qui ne comprenait toujours pas ce qu'on lui reprochait, ayez pitié de moi."
Pardonnez à votre humble servante.
"Ah, enfin intrigante ! Tu reconnais ta faute ! ricana la mauvaise femme.
Une de nous deux est de trop dans cette maison : sois tu meurs, sois je meurs !
C'est ainsi, et je dois régler ça aujourd'hui !"

그 후에 오씨 부인이 득옥이에게 약 한 사발을 내밀면서 말하길
"더러운 계집, 이것을 마셔라!"
체념한 득옥이는 예를 지키는 것도 잊고 여주인의 소매에 매달렸다.
"부인! 부인! 제 잘못이 어떠한 것이든, 앞으로는 절대로 하지 않겠습니다. 맹세합니다."
"정녕, 그것을 믿으라는 것이냐? 너는 내가 이것을 마시고 죽었으면 좋겠지?
그렇지 않으냐? 하지만 난 그렇게 하지 않을 것이야! 어서 마셔라!"
"부인, 잘못했습니다. 앞으로 다시는 주인어른을 보지 않겠습니다."
그녀는 말했다. 하지만 질투에 눈이 먼 오씨 부인은 아무 말도 듣고 싶지 않았다.
"더는 참을 수가 없구나!"
그녀는 이를 갈며 말했다.
"어서 마셔라!"
피할 수 없음을 안 불쌍한 득옥이는 체념한 채 여주인의 명령을 받아들였다.
그녀는 그릇을 들고 입으로 가져가서 사약을 마셨다. 잠시 후, 그녀는 죽고 말았다.
오씨 부인은 생각했다.
'드디어 두 다리 쭉 뻗고 잘 수 있겠구나!'
비열한 오씨 부인은 기다릴 것도 없이 서둘러 아무 일도 없었다는 듯이
시체를 땅속에 묻었다.

Puis lui tendant un bol, elle cracha :
"Bois ceci, sale garce !"
Désespérée, Deuk-ok brisa les conventions et s'agrippa à la manche de sa maîtresse :
"Madame, Madame, je vous le jure, quelle que soit ma faute, je ne la ferai plus jamais."
"Maline, qu'est-ce que tu crois ? Tu serais bien heureuse si je buvais ce breuvage à ta place et que j'en meure, n'est-ce pas ? Mais il n'en sera pas ainsi ! Allons bois !"
"Madame, pardonnez-moi, plus jamais je n'irai voir votre mari, finit par avouer la courtisane."
Mais la femme jalouse ne voulait rien entendre.
"Ma patience a des limites ! grinça-t-elle. Bois et dépêche-toi !"
La pauvre Deuk-ok, qui ne savait qu'obéir, se résigna à l'injonction de sa maîtresse, prit le bol entre ses mains, le porta à ses lèvres, but le poison et succomba dans l'instant.
'Enfin, pensa madame Oh, je peux dormir les jambes allongées*.'
Sans plus attendre, la vilaine femme fit ensevelir, à la hâte, le cadavre, avant de revenir, comme si rien ne s'était passé, dans ses appartements.

시간이 흘러 인평대군이 청나라에서 돌아왔다. 집으로 돌아온 그는 득옥이가 보이지 않자 매우 놀라서 그의 부인에게 자신이 집에 없을 때 득옥이가 어디로 사라졌는지 물어보았다. 오씨 부인은 의심받으리라는 것을 알고 있었기에 아무런 가책도 없이 그에게 말했다.
"득옥이는 유감스럽게도 급작스러운 병으로 죽었습니다."
이 소식으로 왕자는 마음속 깊이 상심하였다. 하지만 그가 할 수 있는 일이 무엇이 있겠는가? 그는 나랏일이 바빴기 때문에 체념하고 오씨 부인의 말을 믿기로 하였다.

Quelques temps plus tard, le prince Inpyoung revint du royaume de Qing. Fort étonné de ne plus voir sa favorite, il questionna sa femme à son sujet. Où était-elle donc partie? Que s'était-il donc passé en son absence ?
Madame Oh se savait au dessus de tout soupçon, alors elle annonça sans scrupule :
"Nous avons le regret de vous apprendre qu'elle est subitement morte d'une maladie foudroyante."
Cette nouvelle affecta très profondément le prince. Mais qu'y pouvait-il ? Les affaires du royaume demandaient toute son attention, alors il se résigna et accepta les explications de son épouse.

어느 날 밤, 오씨 부인은 자신의 방에 앉아 있었다.
그때, 그녀의 시녀가 밖에서부터 공포에 질려 헉헉거리며 뛰어 들어왔다.
그녀가 횡설수설하며 말하길,
"부......부인...... 큰일이 났어요! 득옥이......"
"닥쳐라! 득옥이는 죽었다.
너는 그 계집의 이름을 입에 올리지 않기로 한 것을 잊었느냐?"
"하지만......와서 좀 보시어요!"
시녀는 말을 더듬었다.
그녀는 떨리는 손으로 안마당으로 통하는 문을 가리켰다.
"무슨 일인지 당장 말하지 못할까!"
오씨 부인은 잔뜩 짜증이 나서 방 밖으로 향했다.
"보......보세요, 부인...... 저기에......"
"에구머니나!"
죽은 첩의 혼을 본 부인은 공포로 창백해졌다.
득옥이는 죽던 날 입고 있던 옷을 입은 채 안마당 담 위에 우뚝 선 채로
움직이지 않고 자신을 죽인 오씨 부인을 차가운 눈빛으로 쳐다보고 있었다.
너무 무서웠던 오씨 부인은 얼른 귀신에게서 눈길을 떼고 방 안으로 도망쳤다.
시간이 조금 지난 후, 하인을 불러 귀신이 지금도 있는지 확인하여
귀신이 사라졌다는 말을 듣고 나서야 안심하며 단지 환영이었다고 믿었다.
하지만 이 사건은 오씨 부인에게 매우 충격이었고,
단지 환영이었다고 믿으려 애썼지만 쉽지 않았다.
그녀는 평상시에도 더 이상 혼자 있는 것을 견딜 수가 없었다.
말로 표현할 수 없는 무언가가 저택의 담에 나타난 후부터
그녀는 매 순간 무시무시한 무언가가 나타나서
어떤 일을 저지를지 모른다고 생각했다.

Puis, une nuit, alors que madame Oh était assise dans sa chambre, sa suivante, hors d'haleine et terrorisée, fit irruption. Elle bafouilla :

"Ma… Madame … C'est une catastrophe! … Deuk-ok …"

"Veux-tu bien tenir ta langue ! Deuk-ok est morte ! N'avions-nous pas convenu de ne jamais plus prononcer le nom de cette peste ?"

"Mais… mais… venez-voir …" bégaya la pauvre fille, en tendant sa main tremblante vers la porte qui donnait sur la cour.

"Vas-tu donc me dire ce qu'il se passe ?!" lança madame Oh qui, agacée, se dirigeait vers l'extérieur de sa chambre.

"Re… regardez, Madame … là-bas …"

"Oh seigneur !" s'exclama la femme qui pâlit d'effroi à la vue du spectre de la défunte concubine. Habillée des mêmes vêtements qu'elle portait le jour de sa mort, elle se tenait dressée sur un des murs d'enceinte, immobile et fixant implacablement sa meurtrière.

Arrivant à surmonter sa peur, madame Oh parvint à détacher son regard du fantôme et alla se réfugier dans sa chambre. Plus tard, elle appela sa suivante pour savoir si l'apparition était toujours présente. Le spectre s'était dissipé, alors madame Oh se rassura en voulant croire qu'elles avaient eu une hallucination. Mais l'évènement avait été grave. Et bien que madame Oh essaya de se convaincre du contraire, elle ne supportait plus de rester seule ne serait-ce qu'un instant. Quelque chose d'indicible émanait des murs du palais et elle pressentait des choses effroyables, prêtes à surgir à tout instant.

또 다른 어느 날 밤, 득옥이의 혼이 지붕 위에 다시 나타났다. 이번에는 오씨 부인과 몸종만이 이를 목격한 것이 아니었다. 그날 밤 이후, 계속해서 같은 현상이 일어났다. 특히, 어느 날 저녁 오씨 부인의 가족들이 모였던 넓은 난간뜰에 첩의 혼이 나타났다. 그곳에 있던 모든 사람들은 공포로 얼어붙었다. 귀신이 그들에게 뛰어들었다가 음산한 연기가 되어 사라졌다.

어느 날부터 불쌍한 득옥이 귀신은 더 이상 나타나지 않았다. 하지만 그날 이후, 인평대군의 집안에는 알 수 없는 불행들이 잇달았다. 결국에는 인평대군도 병에 걸려서 죽고 말았다.

달이 없는 밤이면, 연못 옆의 정자에 그림자가 비치는 듯 했다. 이에 사람들은 죽은 인평대군을 착한 득옥이가 죽어서까지 모시려 하는 것이라 전했다.

Une autre nuit, l'esprit de Deuk-ok réapparut sur un toit. Mais cette fois-ci, madame Oh et sa suivante n'en furent pas les seules témoins.,

Le phénomène se reproduisit la nuit d'après et les suivantes. Notamment, un soir le fantôme de la concubine prit forme sur la grande terrasse où s'était réunie la famille de madame Oh. Tout le monde s'en trouva glacé d'horreur : la revenante avait bondi sur eux pour disparaître en un funeste nuage de fumée.

La malheureuse courtisane n'est jamais plus réapparue, mais à partir de ce jour, la famille du prince Inpyoung connut une suite de malheurs sans nom.

Le prince lui-même tomba gravement malade et en mourut.

Lors des nuits sans lune, on devine des ombres dans le pavillon au bord de l'étang.

La rumeur populaire raconte que depuis le trépas du prince, la douce concubine continue jusque dans la mort à prendre soin de lui.